我 的 青 春 我 的 梦

全国中学生校园美文精品集萃丛书

小语牵衣，星河依旧，只是当年事

我不是你的故事

《中学生博览》杂志社 选编

时代文艺出版社

图书在版编目（CIP）数据

我不是你的故事 /《中学生博览》杂志社选编．—长春：时代文艺出版社，
2018.8（2023.6重印）
（"我的青春我的梦"全国中学生校园美文精品集萃丛书）

ISBN 978-7-5387-5667-8

Ⅰ．①我… Ⅱ．①中… Ⅲ．①作文－中学－选集 Ⅳ．①H194.5

中国版本图书馆CIP数据核字（2018）第000153号

出 品 人　陈　琛
产品总监　郭力家
责任编辑　刘　兮
装帧设计　李　斌
排版制作　隋淑凤

我不是你的故事

《中学生博览》杂志社　选编

出版发行 / 时代文艺出版社

地址 / 长春市福祉大路5788号　龙腾国际大厦A座15层　邮编 / 130118
总编办 / 0431-81629751　发行部 / 0431-81629758
官方微博 / weibo.com / tlapress
印刷 / 北京一鑫印务有限责任公司
开本 / 700mm×980mm　1 / 16　字数 / 153千字　印张 / 11
版次 / 2018年8月第1版　印次 / 2023年6月第5次印刷　定价 / 34.80元

编 委 会

目 录

我不是你的故事

纸飞机过隙，一片晴空

我的最温暖

蔚蓝色的友谊

等你在没有你的天堂

我不是你的故事

　　每天你都会用一张你亲自修剪用香气熏过的小纸条给我写简媜的语录，每日一句，放在一个玻璃瓶里。我将玻璃瓶放在课桌的右前角，看着里面装的纸条一天比一天多起来，每次打开，教室里就会立刻凝聚起一股香气，久久不散。后来我一张一张地数，一共有三百六十五张。就好像我们在一起的三百六十五个日子，悲伤地躺在那个玻璃瓶里，日渐发黄。

飞越男神劫

二 笨

阳春三月，草长莺飞。就在这样一个普天同庆阖家欢乐的周日清晨六点钟，我被一个电话不厚道地吵醒了。

"喂？"我的上下眼皮依旧目中无人地卿卿我我，大有一种山无棱天地合乃敢与君绝的架势。

"二笨啊……"

"啊啊啊啊啊你个头啊，知不知道扰人清梦是要遭天谴的啊？！"听出是班长的声音，我的火气噌噌地往头顶蹿。你们知道班长是干什么的吗？班长就是那位他动口来你动手，他打电话你遍地走的邪恶家伙。如果说我有生之年还能有幸见到孔子、耶稣、神龙、阿拉丁总之一切可以满足我愿望的神迹，我一定会双手合十，双膝跪地，双眼含泪，双……呃，不，单口虔诚地许愿："天啊，请把班长带走吧！"

"是这样吗，那真抱歉了。"一个干净清朗的声音徐徐入耳，我宛若被施了定身法，动弹不得。该怎么描述那时的感觉呢？就像是有人瞬间掀了我的被子，连袜子都没给我穿就把我扔到一片冰天雪地里。待我正要发怒时又乾坤颠倒斗转星移，一阵春风袭面而来，灼灼其华，十里桃花。

我狠狠地咽了下口水，握着手机的右手微微颤抖，"这位兄台，我有没有和你说过我是个'音控'？"

"大概，没有吧？"

"那我现在就和你说啊！拜托你不要和我说话，把手机还给班长吧。立刻！马上！"我努力按捺住自己濒临爆发的小宇宙，默默祈祷他赶快从我的耳朵里消失。不行了，不行了，如果他再和我多说一句话，恐怕我就要丢兵卸甲脑子犯浑，什么奇葩的事都答应，那可就亏大了。好在该生甚好说话，也没多问，乖乖地把手机还给了班长，同时拯救了我险些崩溃的世界观。

"二笨啊，下周三的换届选举少个女主持人，你来吧。"班长的声音断断续续，想来是憋笑憋得极其辛苦。

"想笑就笑。但是，我不干。"我义正词严，原则问题决不含糊。

"真不干啊？这回的男主持人可就是我旁边的这位。"

"我……不干不干就是不干。"为了表明决心，我特意拔高音调。于是不怎么美妙的女高音绕着寝室天花板转了一圈，终于落下，"是他怎么了，声音好能当饭吃啊？"

"的确当不了饭吃。"我应声一抖，电话怎么又跑到了那个男生手里了，"但是这回女主持人非你不可。"

"为什么？"我心中暗喜，我还是很重要的是不是？

"学术报告厅的一个话筒坏了，据说你们班女生只有你的嗓门儿能大到不用扩音器大家也听得清。"

……我要杀人，你们别拦着我！

几经波折，我还是抱着人道主义精神与这位仁兄见了面。该生是我们班长的外班好友，长得眉清目秀，颇有几分男神的资本。要不是之前得罪过我，恐怕他在我面前一站我的花痴就要暴露无遗了。

重点还是那个声音……

你说人家的那个嗓子怎么长的啊，声音怎么可以那么好听呢……

这声音应该去唱歌的啊，《风起天阑》就很适合啊……

我一边胡思乱想，一边努力把吸管插进酸奶里。奈何今天霉字当头，连根吸管都和我作对，我戳，我戳，我戳戳戳。好好的吸管都快被我戳断了，酸奶的包装皮还是完好无损，连个小坑都没有。

"我来吧。"那位"好声音"二话不说利落地夺过我手里的酸奶，三下五除二插了进去，再还给我。

"这个，这个，怎么做到的？"我瞪大了眼睛。难道酸奶也认人，专挑好看的？

"很简单啊。首先呢，拿好吸管，可以在手里把玩一会儿。眼睛不要盯着酸奶，一定要装作若无其事。"

"嗯嗯，然后呢？"怎么感觉不太对……

"然后趁它不注意，狠狠地戳它一下子。"

……耍我！

就是这样，我和该生算是不打不相识了。也许有些同学看到这里会很不满意，觉得我该和他发生什么故事才算圆满。可是同学，生活不是泡沫偶像剧，哪有那么多恩怨悲喜。再说了，骑白马的不一定是王子，万一是个弼马温呢？不过，这话可不能被他听到，男神大多也很小气的。所以，嘘！

你的我的大白菜

花 脸

扁扁的陶然

"陶然的头是扁的，身体也是扁的，思想也是扁的。"

"敢情他小时候被车轧过？"

我拄着脸，眼瞅着关言言自顾自地陷到那个"郎骑竹马来"的坑里，然后再用一个大霹雳把她拽回来。

"你小时候才被轧过呢！"

关言言斜着眼撇下一句。

当然，我是直到跟陶然同班又同桌之后才发现，这货果真是扁的——你见过那么那么利索、那么那么有规律，又那么那么闹得开的好看的男生吗？我一直以为这种人只能活在纸上。

纸嘛，好扁的。

在某个昏昏欲睡的下午，我问陶然："关言言你认识？"

陶然就像浑身过了电一样，突然清醒了起来，圆圆的眼睛里放着光，"啊，她跟你说过我？说啥了？"

我望了望我乱得跟什么似的垃圾箱……我呸，书桌膛。

陶然撸胳膊挽袖子，"放着我来。"

机 缘 未 到

关言言又有了新的恋情——在得知这个消息的时候，我正在和馒头君吃饭，馒头鼓着腮帮子，"小爷我打八百年前就说你迟早要火！"

我有点儿发愣，听着她嘴里的名字，忽然想起了那天陶然叹着气说："我和她，机缘未到。"

这话的前面，是这个样子的：

陶然和关言言是从小一起长大的，俩人一起从外区考到这儿，又一起考到更高一级的高中。他眼看着关言言一个一个地处对象又一个一个地分，渐渐地变得百毒不侵，刀枪不入。

陶然的目光是前所未有的悲戚，即使嘴边还挂着笑。

"关言言，最近应该是快过生日了。"他苦笑，"她过上个生日的时候，我俩在一块儿。那个时候她那个男朋友，叫啥来着，忘了……反正是可抠可抠的了，什么都不给她买，还不如我呢……上上个生日，我俩在干什么来着，忘记了……"我听他絮絮叨叨地说，边听边发呆。直到那整个晚上都望着寝室的天花板，彻夜未眠。

我的眼前是一片又一片的海，也是一张又一张的脸。

我听见他说："机缘未到。"

我听见她说："两情相悦。"

绕床弄青梅

课前一支歌唱罢，前桌回过头来："关琴歌、陶然你俩给我闭嘴！无师自嗨说的就是你们两个是吗……"

我和陶然相视一笑。"关叔叔，咱放他一条生路吧！"他道。

"成。"我道。

"找你班生活课代表。"门口是清朗的一嗓子，我屁颠儿屁颠儿地准备去看帅哥，走到门口，我却愣了——

"好久不见。"黑框眼镜下依旧是那张我永远都看不出阴晴的脸，手里拿着那张分担区的划分表。

我看不出阴晴，大概，关言言能看懂吧；我说的笑话他笑不出来，大概，关言言说的，他会笑吧；我忍不了天天跟他吃清汤面条，大概，关言言能吧。

他白了不少，再也不是那个跟我一起在槐树下面晒太阳的小孩儿了。

我再也听不见他温润的笛声，也再也没法调侃他如调侃自家哥哥。

百转千回的，哽在喉咙里的，最后还是没有说出来的那句问候：你还好吗？

最后的最后，我一把夺过他手里的表。低着头走回教室里，欲落没落的是我淌回到心里的眼泪。

007

穿过岁月的你的眼

温恒有双和我奶奶很像的眼，清澈又温柔。每每目光相接，我总会掉到里面无法自拔。他就像他的名字，温顺又有恒心——那是几岁来着？做数学题我永远没他那么有耐心，总是做到一半就放弃了。他却总能闷不作响地自己一个人研究上好久。

如今我把自己埋在题海里，只为了补偿当年没和你一起并肩作战的那些时光。

"爱我的人惨不忍睹，我爱的人名花有主。"陶然用他那飘逸的行草书写着，"横批，命苦。"

"爱我的人惨不忍睹，我爱的人，尘归尘，土归土。"我道，"横批，命太苦。"

陶然又笑了，频率高到可怕地又笑了。我也笑了，"与君共勉。"

"每个口是心非的姑娘啊，都迟早有后悔的一天！"陶然悠悠地叹，我只觉得嘴里的绿豆糕又有点儿发涩了。

我输给了面条

再次遇见温恒是在食堂，我正在吃一盘子特别难吃的面条——对于它，我选择加大量辣椒以麻痹自己的味蕾。辣得我是鼻涕一把泪一把。

"味道好极了？"依旧是那个声音，再次响彻耳畔。

"嗯，好多年没吃到这么好吃的面条了，感动到我了。"我头都没抬，因为温恒选择坐在了我旁边的位置上。他给我挑了一筷子他的，我一尝，惊为天品，不可置信地看着他。

他似乎是有点儿气我，眉头锁得紧紧的。

"你总是躲。"他道，"世界上没有难吃的面条，只有调不好料的人。"他长舒了口气，"世界上也没有找不回来的人，只有不停躲的……"他在踌躇，在迟疑，不知道在这里安个什么词好。

"关琴歌。"我弱弱地说。

"对。"他肯定地说道。

我"啪"的一声把筷子撇到桌子上，"滚，你给我滚！你有什么资格教育我？那关言言是怎么回事啊？告诉你当年先走的人可不是我！"

"不就是个搬家嘛……"这回轮到他弱了。

"你都不知道……不知道……我找了你好久……"我鼻子忽然一酸，"你说！躲的是谁？是谁？"

温恒只是好脾气地吃了口面条，"这个做得再不好吃，也比你当年煮的强。"

我觉得我又输了。

我又觉得我上当了，这是为什么呢……

一万年太久

"大姐你能不能不欺负我？这世界上只有一个我啊！你们得爱护我！"温恒扛着我的行李，手里还拎着两三个兜子，"不是我说，陶然你倒说句话啊，陶然陶然然陶然然然然！"

陶然也并没比他好多少，"恒啊，不是我不帮你，你看我这儿！"

夜凉如水，朗月高照——

"我们认识了十年，十年。我不敢想如果我们到一起之后又分开了，我该怎么面对他，怎么面对我自己！我要但凡有点儿良心，都不会跟他在一起。"关言言对我说，"我知道他好，我知道他对我好，我知道他希望我好。"

"大家好才是真的好。"我又托着脸，"我才不管你，反正温恒我得收着。"

"不是你等等我你个……"

"闭嘴！"

每个姑娘身边可能都有一棵青梅竹马的大白菜，他们在长成国宴专用白菜之前都是那么粗糙和不完美。你们一起长大，一起玩耍，了解对方就像了解自己的一颗牙齿。我愿你们在一起，如果有一天你们分开了，那么我敢断言：以后你爱上的每个人，一定都是他的模样。

流年微暖繁花开

铃铛儿响

第一次遇见你是我到深圳实验的第一天。我永远都会记得，乒乓球馆1号台，那时是单打第一轮，我刚打完，就准备去小卖部买点儿东西，1号台靠近门口，所以，我就看见了你，然后就被你吸引了。吸引我的并不是你的外貌，因为你长得并不十分出众，虽是瓜子脸，却有着小眼睛、小嘴巴、雀斑。但你的神态很生动，不管赢球输球，或是赛间休息，你的表情都很丰富。你笑起来的时候，嘴角微微上扬，勾起美丽的弧线，连脸上的雀斑也发着光。总之，你不管什么时候，都让人觉得那么可爱。

那天，你穿着一件浅蓝色T恤，蓝色衬着你白皙的肤色，还有那随着跳跃轻轻扬起的棕色短发。那一刻，我的世界春暖花开。

宋与飞，你知道吗，那天的你，在我心里有多么美好。

第二次见到你是在乒乓球馆的4号台，那时是单打第二轮，你的对手是我的队友。

没错，你的乒乓球打得很好，是你们市的第一主力，可真正触动我心弦的并不是你的球打得有多好，而是你的真诚。

打到第三盘，11：10，你领先，这是一个关键球，双方都憋足了劲儿，是我队友发球，然后双方一直打相持。最后我队友打了一个极为细微的擦边球结束了这球。那个球裁判打了你赢，那个细微到连我队友都察觉不到是擦边，而你，却向裁判举起手，指向那个台角，示意这是一个擦边球。

那一刻，我笑得很灿烂，我身旁一个朋友问我，什么事情那么开心。

我没有回答。只是觉得你品质诚实，这比什么事都令我开心快乐。

宋与飞，你知道吗，为人真诚是你最大的魅力所在。

第三次遇见你是在学校礼堂，我坐在第四排第一个座位。当时礼堂正在播放电视节目，你跟着几个队友走了进来。你穿着一件大红色哆啦A梦图案的大T恤，一条度假海滩裤，一对深蓝色的人字拖。

我不敢抬头看你，生怕我急切的热情惊到你。心里是一片甜蜜的喜悦。

我当时已无心看电视，你就坐在我右下方，你完美的侧脸完好地映入我的眼帘。

说实话，我向来讨厌中学生戴耳钉，认为那是不良中学生的标志，可自从看到你后，我改变了这观念，因为你是那么健康、阳光、可爱，耳钉不过给你的帅气添色。哦，是的，不可以说一个少女帅气。可你给我的感觉就是——一个帅气的邻家男孩儿。

说到这里，你千万别生气，谁叫你剪了一个那么帅的发型，谁叫你拥有一米七的身高，谁叫你举手投足都透露出一种帅气……

好吧，宋与飞，我承认，我是喜欢上你了。

来到深圳实验第五天的晚上，我坐在学校草坪上仰望星空。深圳的夜空可以说没什么星星，只是不时有几架飞机飞过，指示灯一闪一闪，不知道这是否属于深圳特有的"星星"。

风微凉，四周是一幢幢高楼大厦。"名苑6号区"这几个大字在夜里格外夺目。

不知不觉，又想到了你。

单打比赛已经落幕，你获得了省第五名，不是最好的，但也是有名次。

你上台领奖的时候嘴巴一撇一撇的，像是在生气。

你接到颁奖嘉宾递来的奖状，脸上还是那个表情。我当时不觉地笑出声来，我一队友又问我："什么事情那么好笑呀？"

我只笑不语，谁也不知道，当时在我心里，颁奖台上所有人都是配角，而你，才是我的主角。

哈哈，宋与飞，你怎么可以那么可爱！

说实话，我真的很想捏捏你的脸。

可以说，我们每天见面的频率高达十几次，学校食堂、球馆、宿舍过道、卫生间、沐浴间……

可自认为交际能力好的我却从没有鼓足一次勇气跟你说声：嗨。每次看见你的脸，我那好不容易鼓起来的勇气全都崩塌掉，只剩下一个念想：唉，我们怎么那么有缘。

之后，就只能默默地看着你的背影在拐角处消失。如果我现在还在抱怨上帝没有给我机会的话，那我就太不厚道了，人家上帝明明给了我N次机会，可我就是没抓住。呜呜，大好时机全浪费在我的犹犹豫豫之中。

在深圳实验中学的最后一个晚上，我们宿舍的队友都睡不着，毕竟在这里生活了一周，怎么说都是有感情的。舍友东一句西一句地扯着，不知道怎么的，大家说到了你，是啊，像你这么一个有魅力的人，怎能不吸引别人目光呢？

我静静地听着大家在讨论你，这时，不知道谁说了一句："我有宋与飞的QQ哦。"

我的心"咯噔"一下，随后，我的每一根神经都竖起来，那九个数字深深地刻进我的脑海，我整个晚上都在重复那九个数字，心情紧张却甜蜜。

宋与飞，现在我的世界满满的都是你。

7月21日，我坐上回茂名的巴士，窗外的风景飞快掠过。

队友都在聊着一些无关紧要的话题，我塞上耳机，美妙的旋律在脑海回旋。你俊秀的脸又浮现在我面前，你现在会在干什么呢？是睡觉？吃饭？看电影？还是……巴士经过江门市的长途汽车收费站，我看到了"潮连桥"，这里，就是你长大的地方。我吮吸着窗外鲜活的气息，倾听着这座城市脉搏的跳动。这空气里是否也有你呼吸的味道，那数不尽的高楼大厦间，是否也有你经常走过的那条小道？

宋与飞，我想你了，虽然我有些不想承认。因为你并不认识我——一个极普通的男生。单方面的思念总是让人怅惘的。

我抬头望了望天空深湛的蓝色，又是一个火热的盛夏。

思绪回到当前，我低头翻了翻《茂名晚报》，转过头，对蔡小桉说："我们什么时候又要去打比赛啊？"

蔡小桉正在啃着一只大雪梨，含糊不清地说："下一站……江门喽，8月份不是有场公开赛吗？"

我微微一笑。到了那个时候，若我们再次相逢，我一定会鼓足勇气跟你说出演习过千百遍的那句话。

"嗨，交个朋友吧。"

这个盛夏，繁花似锦……

春 风 化 雨

浅步调

1

我的高中在一个北方的小城，像我现在的生活状态，比上不足，比下有余。有一年，我们的小城出了八个高才生，五个北大两个清华一个复旦。这是破天荒的高度，打破了从前最多四个高才生的纪录。于是，整个暑假，那八个学生的名字在那个画质不怎么清楚的地方县频道频频地被说出，介绍说他们被邀请参加某某活动，被奖励某某称号。小村里夏天傍晚的闲谈也开始有了新鲜的八卦，他们说姓刘的孩子的爸妈是老师，有六个是农村出来的人才，有大老板奖励每人一万块，有更大的老板更慷慨地奖励了每人三万块。不过今年最出奇的地方是，这些孩子里只有一个女孩儿。

9月开学的时候，我就高三了，妈妈在我书包里多放了一张红色的人民币。来到学校，意料之中的各处都张贴红榜，大家除了假期作业的狂补，也多了对这八位明星故事的分享。开学典礼上校长举着话筒讲话，最后激动地站了起来，兴奋地喊道："同学们，外面的世界很精彩，学校的明天看你们！"

我以为Mr石会对这样的事情很不屑，可是我又一次看错了Mr石。

我的大脑构造果真跟Mr石的大脑构造完全不同，这在他做了我三年英语老师兼班主任的过程中显露无遗。

比如我喜欢英语，可是我不喜欢他给我起的过气的英文名Rose，那个电影里肥肥的女人，跟我瘦弱的样子一点儿也不像。我拒绝，可是Mr石说要的是感觉上的相似。

比如我习惯喊他石老师，可是每次我喊"石老师"追着他问问题的时候他从不回头，直到我喊"Mr石"他才会笑着回头问我："Rose，什么事？"

比如明天要考英语和数学，我看英语练习，他会把我的英语课本拿走，说："Rose，你要多看看数学。"

……

2

这一次，Mr石兴奋地跑到安静的晚自习教室，用板擦拍着讲桌大声嚷嚷说："猜猜我请到了谁？"

"鬼才有兴趣，爱谁谁。"我似乎都能听到每个人被打乱学习计划心里不满的嘟囔声。

习惯了我们不冷不淡回应的Mr石显然没有被打乱兴致，他继续说："刘馨，就是那个考上复旦的女学生刘馨，我请她明天来给大家做演讲。"

终于，班里窸窸窣窣，有了讨论的反应。

Mr石走过我身边的时候，小声地说："Rose，有什么想问刘馨的要提前想好，你不是最想去上海读大学吗？"

是的，我想去上海读大学，我喜欢上海。喜欢张爱玲笔下的十里洋场，灯红酒绿。喜欢安妮宝贝笔下穿棉布长裙的女子，喜欢潮湿弄堂，喜欢上海话，喜欢新天地咖啡馆，喜欢高楼林立，喜欢上海带给我的所有的希望和绝望。我把这些都写在了月考的作文里，老师给了我满分。发卷子的时候，Mr石看到了我的作文，他读了作文之后，把它转交给语文老师，语文老师复印了文章并且传阅给全校的学生。

从此我想去上海成了一个公开的秘密。有人跟我说"你一定能行"，有人过来说"我们一起努力"，有人悄悄地泼冷水说"你想得还真是美"。当你的梦想和目标被几乎你认识的所有人都知道的时候，你只有一个出路就是努力去靠近。你爱的人你不爱的人都在看着你，像买马的赌注一样，猜测你是否能够成功。

刘馨来做演讲的时候，我坐在第一排，看着她，想着我自己。觉得未来似乎很近，希望也不是空口而谈。她一路讲自己高三的艰辛，我一路数我付出的汗水，权衡着自己成功的可能性。提问环节的时候，我低头躲避了Mr石鼓励的眼神，我一个问题都没有问。可是结束的时候，Mr石不知道我拜托同桌把我重复改写了八遍的信交给了刘馨。我觉得我跟上海可能从此就有了某种联系。

3

语文课本里常常提到不"入世"的诗人，他们与现实格格不入，以酒为友，醉饮成欢。半醉半醒时，常常挥毫笔墨，成就佳篇。可是辛酸悲喜各人知，不"入世"是否真正得到了快乐，语文试题中十分的古诗赏析题给不了我们正确答案。

同样的，我觉得Mr石也是一个不"入世"的老师。老师开会的时候他会迟到；怨声起来的时候，他全当不知；开会回来他就对我们说什么狗屁规定，但转头就开始一条条传达会议精神，还时常拿着自己的会议记录本教育我们要有做好记录的习惯。Mr石说："最好的学生最坏的学生，老师都会记得，中间最听话的是老师遗忘最快的。"所以我有些理解，大概Mr石是想做一个校长忘不了的老师。

春天来的时候，一模结束。学校开会说，上边领导有指示，要在紧张备考之余，增强学生的体质，增加学生的课外活动时间。于是下午的小自习，我们全部被召集出去在操场兜圈拔草。Mr石在一群班主任中间，圆墩墩的身材，用手比画着，不知道是否又在批判高考的不公平。可是，显然不是这么简单的问题，班长说Mr石要带大家出去春游，别的班的班主任都不同意，只有我们Mr石自己坚持。

春游？是个模糊了多少年的词。我快乐地举手，回头看到了全班默契的迎合。

我们的春游并没有多美，只有一下午的时间，要赶回来上晚自习，去的地方是普通郊游地。可是看到了放风筝的孩子，野餐的一家三口，卖糖葫芦的大爷，还有比操场柳树更广阔的绿色，比学校池水更悠长的小河。我觉得这么平凡的幸福，比那起起伏伏的成绩和名次让人可亲得多。我什么时候可以拥有这么简单的快乐？什么时候可以不在乎成绩和名次？我对着小河，想得眼泪都要出来了。

那天，Mr石一如既往地负责拍照，我穿着我红色的运动上衣站在队伍的最左边，笑得像春天一样灿烂，内心却像秋叶一样无助。

4

Mr石是个善于存储记忆的人，他帮我们拍了很多照片，可是却缺席了我们最重要的毕业合照。那一整个星期Mr石都没有来学校，班长探望之后说Mr石骑摩托车的时候不小心摔倒了。PS技术不行的学校，把Mr石的照片横亘在我们的合照上，Mr石的头的大小大过了我们的上半身，显得格外不协调。我本以为Mr石会遗憾缺失我们的毕业照，可是Mr石对此却没有评论过。

高考终于结束的时候，我才终于了解，所有的事情，经历了，就会觉得其实真的没什么大不了。Mr石说，高考只是成长的一部分，不是成长的全部。我抱着电话跟Mr石第一次聊了将近一个半小时。我说我考得很糟，我说我去不了上海了，我说我让爸妈失望了，我说我怎么办，最后一直哭到眼泪浸湿了妈妈送来的毛巾。

时间是伟大的治愈师，很多事情都会被忘记，而曾经发光的记忆，在时间的流逝中，却变得异常清晰。春风化雨是老师的力量，润物无声是需要时间才会读懂的伟大。

高考志愿，我填了北京，而不是上海。一是因为我的成绩不够我希望去的大学；二是因为我忽然觉得上海是个太过冷冰冰的城市；三是因为Mr石跟我说："Rose，据说你暗恋的那个男生报的是北京的学校啊。"

好吧，Mr石终于交代，他擅自劫持了某男送来的情书。

我怀念的是无言感动

石海燕

　　去年春节前5-1班开职高同学会。大家都商量着这第一届同学会还是回母校开吧，虽然离校也没有很久，但是大家都想念学校了。回到学校很自然地就走到了学生公寓楼，因为学校已经放假了的原因，从远处看去，不像往常一样阳台上挂满了五颜六色的衣服。这样看来，整栋学生公寓楼显得那样的孤单和冷清。走到公寓楼门口，我刻意地看了一眼门卫室，花阿姨穿着一件碎花棉衣正在打扫屋里的卫生。我犹豫着走过去，她听到脚步声忙回过头来，看到是我稍微愣了一下，然后对我笑着说："呵呵，小石啊，回学校玩来了？"花阿姨显然是很惊讶的。其实高中毕业后寝室的几个女孩子一直很想回来看看花阿姨。可现在回来了看到她，一时之间又不知道说些什么好。

　　花阿姨不姓花，她整个夏天都穿着碎花衬衣，我们5-1寝室的几个女孩子都不愿意尊称她为生活老师，于是就给她取了个外号叫"花阿姨"。职高毕业那年管理女生公寓楼的陈老师离职回了老家。学校就把已经退休的职工花阿姨叫来管理女生宿舍。我已经记不清楚大家是怎么和花阿姨"结仇"的了，或许是因为一次玩笑开始……

　　那晚，大家下了晚自习回到寝室，都排着队冲凉。我们学校没有澡堂，到了晚上住校生是不可以随意出校门的。所以只能在寝室的卫生间里洗澡。因为身高决定了室长的位置，所以身高一米六八的陈迪蕾就当之无愧地连任了三年5-1的室长。每回下了晚自习陈迪蕾都拎着一个大水桶在寝室里走一圈说："我是一室之长，第一个洗澡大家没有意见吧？按年龄排队我是长者，按姓名也是我的笔画最多……"然后也不等大家回答，她就冲进卫生间里。

陈迪蕾进去没几分钟，花阿姨就跑过来查寝了。那时候还不流行碎花的衣裙，看到花阿姨穿着花衬衣搭配了一条米色的格子布料九分裤，手里拿着个记录本一本正经地走进寝室，我们寝室里的几个女生都不约而同地笑了起来，尤其是她还戴着一副古板的眼镜，看起来就像是那些喜剧电影里的大妈角色。平时只在奶奶的旧照片里才看到过这种花衬衣和格子裤的装扮，她又不是亚热带的居民，干吗穿成这样！

花阿姨用手指扶了下眼镜瞪了大家一眼，客气地说："同学们，我是你们新来管理宿舍的生活老师，以后大家要配合我工作。"

我们意味深长地"哦"了一句，故意把音调拉得很长。

花阿姨在寝室走了一圈去阳台也看了看，便开始清点人数。她发现寝室里少了一个人，用笔尖不停地点着本子问道："还有一位同学哪里去了？"这时候里边洗澡的陈迪蕾动静刚好很大，水声哗哗的。花阿姨沉了一下眼继续问道："室长呢？过来签个字。"

我从床上跃了下来跑到卫生间门口用力拍着门喊道："喊你签字呢。洗完没？"

里边的陈迪蕾大声答着："还早呢，刚洗完头。叫她先登记名字，我完了下去签字。"

我回头看了花阿姨一眼说："叫你先登记个名字，待会儿她下去补签。"

花阿姨挪了下步子说："那好吧。室长叫什么名字？"

寝室里的几个女孩子一起回答道："陈迪蕾！"

花阿姨疑惑着又问了一次："叫什么？"

大家异口同声道："陈迪蕾！"

花阿姨翻开本子写之前又抬头看了我们大家一眼，不放心地问道："是叫陈地雷吗？"

我们齐刷刷地一个劲儿点头。或许花阿姨觉得这个名字是有点儿蹊跷，但是又不好意思直接问，万一陈迪蕾真的就是叫陈地雷呢。花阿姨似乎还是不放心，于是走到卫生间边上扯着嗓子对正在洗澡的陈迪蕾问道："你是叫陈地雷吗？地字怎么写？"

里边的陈迪蕾很不耐烦地吼道："陈迪蕾，陈迪蕾。爱迪生的迪。你连字都不会写还来当管理啊？"

花阿姨被这莫名其妙的怒火震了一下，随后嘴里碎碎地念着："爱迪生是个英文音译。你直接说是启迪的迪字不就行了。"

我们在宿舍里看着花阿姨的窘样都忍不住地大笑。

陈迪蕾从来就不喜欢人家用奇怪的眼光看她的名字，尽管陈迪蕾这三个字的读音经常让人费解。但是陈迪蕾一直都把过错推到听者身上。我们常常说她的名字是中看不中听，写出来看着那三个字还挺美的。新来的花阿姨也不像是省油的灯，至少可以确定她是一个倔脾气。这将是我们毕业前所面临的一场持久战。

陈迪蕾洗完澡出来问："新来的宿舍管理员是美女吗？"

东东拎着桶说："三十年前没准是。"

大家都觉得花阿姨挺可爱的，于是商量着再和她开开玩笑。

晚上我们大家把吃完的"口口脆"小西瓜壳，用刀子修饰了边角让整个瓜壳看起来更加的圆。然后把调好的红墨水倒进瓜壳里，放到了寝室门外。

第二天一大早，就听到花阿姨站在寝室门外一边拍着宿舍门一边大声说着："501室的全体女生听着，以后不要再装神弄鬼的。赶紧起床把门口的垃圾给我清扫了。"

陈迪蕾伸长脖子不满地回应道："哎呀，5-1班就说5-1班的女生，你说什么501室的，听起来就像是在喊监狱的囚犯。"

我们和花阿姨在斗嘴和各种矛盾中相处了一个多学期，这期间我们总是因为宿舍卫生打扫不合格、晚上宿舍关灯后还在打闹、在宿舍的墙壁上涂鸦等等问题吵得不可开交。我们寝室的女孩子对花阿姨是"爱恨交加"，她有时候对我们挺好的，但是有些时候让叛逆期的我们又特别不能理解。

4月1日愚人节，这天为了打破花阿姨那句"5-1宿舍女生永远不可能在闹铃中按时起床"的咒语，我们全体室友召开了紧急会议。6点钟宿舍里的闹钟全部都统一响了起来。陈迪蕾坚定地跳下了床挨个儿把其他室友全部喊醒，睁开眼睛看到天都没有大亮，睡意还是很重，开始后悔我们这个错误的决定了。我们按照计划开始静悄悄地打扫宿舍卫生，叠好被子，然后宿舍全体女生偷偷地下了公寓楼，从学校小操场的矮墙上溜了出去。这真是我们宿舍在校三年以来醒得最早的一天，虽然个个都带着困意，但是只要一想到等下6点50分学校闹铃响了后，花阿姨去寝室叫醒看到我们5-1班的宿舍大门敞开里边空无一人时的震惊样，我们心里就觉得超级得意。我们在学校附近的大街上把早饭吃了，看看时候差不多了，要赶在早自习前回到学校去。就在回学校的路上，我们看到花阿姨带着几个老师慌慌忙忙地正在找我们。

在教务处里，我们几个女生站成一排沉默不语。花阿姨也站在我们几个旁边，只见她眼睛红肿着泣不成声。我对着旁边的陈迪蕾小声说道："她哭什么啊？等下校长和主任来了，被罚的人是我们又不是她。"陈迪蕾看了花阿姨一眼，低下了头。其实陈迪蕾和我们大家是想让花阿姨对我们刮目相看，改变我们在她心中的不堪形象，没想到弄成这样子。

花阿姨深深地吸着一口气又长长地叹了出来："你们要是不喜欢我来管理，我就去和校长说，我会主动辞职。但是以后像这样的事不要再发生了，你们几个女孩子大清早地跑出去，万一有个闪失该怎么办啊？"看着花阿姨哭得红肿的眼睛，我们想解释可是又不知道该怎么说清楚。其实我们大家也没有谁讨厌过她。我们只是想做好，只是想让花阿姨知道其实我们宿舍不是"懒人帮"，我们也可以把卫生打扫干净，我们也可以起得很早。还有几个月我们就毕业了，我们和花阿姨的关系似乎并没有得到缓解，反而变得陌生了。以前还会互相斗斗嘴什么的，后面的几个月里我们没有闹事，花阿姨也没有怎么管过我们。就这样一直到夏天结束，我们5-1班毕业离开了学校。

看着这个在冬天也爱穿碎花棉衣的花阿姨，不知道该怎么说，我们寝室的几个女孩子都是那么感激她。回学校开同学会的前一天我们几个女孩子去给花阿姨买了一条碎花的裙子，我把礼物递过去给她的时候，花阿姨颤抖着的手没有接那条裙子而是紧紧地拉着我的手腕，捏得紧紧的，像是一位盼着你相聚好久没有见面的朋友。我们感谢她每天晚上寝室关灯后都巡视叫我们不要聊天赶紧睡觉，直到我们都睡下她才去休息。她有一次生病了没有巡视，我们宿舍的女生闹到凌晨4点才睡着，第二天上早自习的时候个个都无精打采的。如果没有花阿姨一直这样制约我们，估计我们早就成熊猫眼了。我们把宿舍的墙壁画得五彩缤纷的，学校说我们破坏公物要我们每人赔款二百元，周末的时候是花阿姨带着她女儿把四面墙都重新粉刷了一遍。还有那次，东东晚上得了急性肠胃炎，陈迪蕾跑到花阿姨的房间说明情况，花阿姨急急忙忙地穿上衣服，慌乱中她扣错了花衬衣的扣子，扣子一个高一个低她也不顾了，大晚上的跑到我们宿舍背着东东就跑到了医务室。

今年满大街流行着碎花的服饰，那些零零碎碎的图案仔细一看又全部都凝聚在一起，就像是我们和花阿姨那段爱恨交加的岁月。现在无论是礼物还是言语都不那么重要了，我也只是想对着花阿姨真心地微笑一次，就像我们初次见面的时候一样，但这次是笑得很真挚的。不管她曾经以什么方式出现在我们的生命里，我们到最后能够记住的还是只有她曾经用心陪伴过我们度过的那些年轻时光。

师　傅

水里的氢氧化铝

我承认我对你的第一印象是很深刻的。

高中的第一节化学课，你迈着舞步进了教室，站在讲台上开始和大家寒暄似的讲课，你的名字很"娘"，说话声音也很"娘"，我们就在下面一直一直偷笑。直到你扯开破锣嗓子一句"化学这玩意儿其实非常简单"，我终于憋不住了，抱着同桌笑得人仰马翻。

四节课后的班会，我知道我成了化学课代表。我的初衷是当语文课代表的，因为我第一眼就喜欢上了成熟儒雅的语文老师，但看着周围同学艳羡的神情我答应了。

你看，我就是那么好面子。

后来，化学课成了所有理科中唯一一门快活的课，我这才知道原来你是一个不折不扣的活宝，半路出家当老师的"奇才"，你小时候在家乡的趣事堆起来有一座山那么高，你在广东打工的事也被吹得天花乱坠。你说过你曾经也是我们班主任的学生，于是乎，你和我们班同学的关系莫名地亲近了起来，越来越多男生喜欢上了化学，越来越多的女生喜欢在自习课去找你问问题顺便聊天……

那段时间正好是我学习的困难时期，我比同班同学小一岁，生日又小，上学几乎比他们早了两年。高中的课程量远远大于初中的，再加上我的骄傲自满和目中无人，于是乎，高一的第一次月考我的成绩排到了年级二百五十名开外。

那天的晚自习我在别人的欢笑声中一直忍着泪水，下课后走出教室透透气，却鬼使神差地走到了化学办公室门口。你正在打网络游戏，办公室里有两台电脑，我默默地坐下，玩了两局，却怎么也打不过你，我几乎央求地对你说："师傅，带我玩吧。"你看着我，笑了，是迷死人的那种笑，但是，你迅速改了我的游戏密码，继续笑着说："师傅先帮你玩着，等你高考后再带你打满级。"

忘了是从什么时候开始叫你师傅的，但那次事件后我和你的关系莫名地好了起来，你也知道了我是九班的课代表陈逆仇，后来的课上你对我是百般刁难，课下却是谈心鼓励赠送微笑还有游戏秘籍。

你常常拍着我的肩膀说："陈逆仇，别这么内向，课上要多说话呀。"

你说："陈逆仇，我看好你的，我的课代表怎么会比他们差。"

你说："加油，你能行的。"

那些难懂的数学题，渐渐打击消磨掉了我的意志，可每次伤心失意后，去一趟化学办公室我又会满血复活。

可是想成功哪有那么容易，高一上学期的四次考试我都排在二百名以外。那次数理化竞赛后，你喝了酒来自习室找我，明亮的灯光下，你扳起我低着的头，说："看着师傅的眼睛！"四目相对那一刻，我在你的目光里看出了深深的信任和期待。我真想狠狠地揍自己，有什么理由让你为我操心？我有什么理由不努力！

那天你什么都没说，只是师傅你不知道，那一晚回去后我卸载了电脑上的所有游戏，手机也换成了蓝屏的诺基亚，我觉得我愧对你——我浪费了你的期望、你的信任、你的鼓励，再不好好学习，我就是浑蛋！

师傅你不知道那个吊儿郎当的陈逆仇从此再也没有去过网吧，书架上的言情小说全都换成了模拟试题。开始的日子异常艰难，当我不想学习时我就想想你的眼睛，于是，一学期就这么坚持了下来。

那天你从我手里接过我发表过的文章，说："你一定要考个一本，考上了，师傅一定会去你们家喝酒。"我说："好。"你又说："一定要考一个好一点儿的一本，不然师傅就没脸去了。"我的喉咙突然有些哽咽，不经意间泪水湿了眼眶。你伸出手抹掉我的眼泪，我的脸被你的手磨得生疼。

其实从小就被家人当野孩子养，总是天不怕地不怕的陈逆仇，最怕别人对他好。

那晚我们是一起走的，昏黄的灯光下，我依稀看见你头上有几根泛着光的银发，刺得我眼睛生疼。越走越黑，我也没有担心你会看见我脸上越来越多的泪水。你向我倾吐了差不多你三十多年来的肺腑之言，有一句话我记得最清楚："有些事，做了，却不一定能成功。但是不做，就一定不能成功。这些事，你就大胆地去做，师傅永远支持你！"

我不是你的故事

苏　蒿

我指着手机上你的照片，偏过头问蔡小桉："觉得这女的怎么样？"

蔡小桉嘴里嚼着米饭，含糊不清："是身材、相貌、球技，还是……"

我打断她："你对她有感觉吗？"

她极鄙视地瞪了我一眼，冷笑一声，"我是那种随便的人吗？"

此时，我心想，你是一个连女生见了都想拥抱你几下的女孩儿，男生见到你怎么可能不触电呢？

我走出餐厅，空气里是城市特有的气息，我抬头看看那高楼大厦，才无比清醒地意识到，我已经回到茂名了。

七天前，我也是这样站在一高大建筑前，不过地点不同，我那时在深圳，眼前的"国际大酒店"这几个大字在那时是"深圳实验中学"。

没错，我参加了第十届中学生运动会，也就在这期间，认识了你，哦，应该是单方面认识。

你变了许多，皮肤比两年前更白皙，脸庞消瘦了下去，戴了金丝眼镜，也穿上了当年总让你嗤之以鼻说是文艺青年才穿的白色衬衣，翻出干净好看的领子和袖口。你的身边换了另外一群人，他们在你的周围小声嬉笑，你也一改两年前的样子，没有和他们推打成一团，而是依旧安静地翻看着自己手中的书。

可我还是一眼就认出了你。尽管两年的岁月把你变高变瘦变沉默，可是只要看上你一眼，当年你咧着嘴哈哈大笑、抱着足球汗津津、午休睡觉时打鼾的样子依旧在我脑海中清晰而完整地呈现出来。

两年前的你不是现在这样的，那时的你神经大条，动作粗鲁，说话大声，爱挑人是非，会撺掇班里的男生一起逃课到足球场踢一下午的足球，会通宵玩游戏第二天满眼通红地到教室埋头补觉，会在每天早上的第一节课慢悠悠地才到教室，嘴里还塞着包子。你看，那时的你真是罪不可恕，全身上下毫无优点。

可也是这样的你，在一个黄昏拦下了放学急着回家的我，伸手将一本书塞到我怀里，眼睛看向别处，口齿不清地说："听人说你喜欢简嫃的书，这是我特意买给你的，希望你喜欢它，然后也喜欢我。"说这话的时候，你早已脸红得不像样。可我却还是开口问："你说什么？"你气急败坏，横过眼看着我大声说："什么什么！就是要你喜欢我啊！"

说实话，当时你的表白一点儿也不浪漫，甚至十分笨拙，可还是成为了我这些年以来最温暖的回忆。当日你在我答应之后淘气地笑，露出两颗小小的可爱的虎牙，伸手轻轻地弹了我的额头，然后霸道地牵过我的手。后来当我翻看你送给我的简嫃的散文集时还发现你给我写的情书，草绿色的信纸，被你细心地熏上了玉兰花的香气。你的字迹并没有别人好看，说的也只是简单的几句话，可你不知道那些字句在我心里究竟有多美。

我们在一起之后，你收敛了许多，不再上课迟到，不再旷课到足球场踢球，晚上的游戏也被数学习题所代替，每天按时吃早餐，上课时认真地做起笔记，遇到不懂的问题也会拿来问我，还总是死要面子地说："喂，你别以为我不会哦，我是考考你，看你上课有没有在听。"

你会在午休的时候拿一张椅子坐到我旁边给我读简嫃的散文，偶尔我睡醒一觉看见你还撑着眼睛在读。你会带我去吃大号的月亮船，在我抱怨吃胖了没人要的时候说："放心，就算你没吃胖，除了我也没人敢要你。"周末去看电影我不小心睡着你会舍不得把我叫醒，用手机把我错过的全录下来。

每天你都会用一张你亲自修剪用香气熏过的小纸条给我写简嫃的语录，每日一句，放在一个玻璃瓶里。我将玻璃瓶放在课桌的右前角，看着里面装的纸条一天比一天多起来，每次打开，教室里就会立刻凝聚起一股香气，久久不散。后来我一张一张地数，一共有三百六十五张。就好像我们在一起的三百六十五个日子，悲伤地躺在那个玻璃瓶里，日渐发黄。

我记得有一个元旦，你带着我到广场上倒数。当时人群涌动，你一直紧紧抓着我的手不放。倒数三秒的时候，你突然在我耳边大声喊："如果有醒不来的梦，我一定去做；如果有走不完的路，我一定去走；如果有变不了的爱，我一定去求。"那是简嫃的句子，也是当时年少的你给我的一个承诺。那一次，我第一次在你面前毫无淑女形象地哭起来，眼泪吧嗒吧嗒濡湿你的围巾。

029

后来呢？

后来，我们还是为各自的未来而各自奔波了。你拗不过你的父母，转学去到了更好的学校，而我继续留在原来的学校。你骤然从我的生活中剥离，时间变成一潭死水，可还是慢慢地走过了两年的时间。在这两年的时间里，我开始忙碌起来，参加各种各样的社团活动，更加努力地做更多的习题，我一心埋头在即将到来的高考中。我从来没有多余的时间去想起你，一直以为你在我心里是一道深深的伤口，触碰不得。

一直到两年后的今天，我再一次看见你，我的内心是平静的，那些我以为的会像浪花一样翻涌的疼痛竟丝毫不存。时间真是位伟大的治愈师啊，当初的甜蜜与承诺竟与此刻再没有任何关系。

我听到你的同学喊你的名字，问你走不走，你抬眼应答了一声，合上桌上的书，然后，你仿佛察觉到什么，往我这边看过来。你看着我，眼神依旧波澜不惊，远远的，对我一笑。这一刻，你身后的阳光无比澄净，将一整个季节都晒得透亮。

恐怕你是忘记了，我喜爱的简媜还说过这样一段话：

"誓言用来拴骚动的心，终就拴住了虚空。山林不向四季起誓，荣枯随缘；海洋不需对沙岸承诺，遇合尽兴。连语言都应该舍弃，你我之间，只有干干净净的缄默，与存在。"

震感出没请注意

搪一小漾

　　家乡没坑没谷没地震是骄傲了一代又一代小县城人的事。可最近覆盖了千层雪的大地没事总喜欢酒后醉汉般地晃两下，使县城人民连连感叹：这是咋的了，咱榆树咋说都是块养人的沃土，这些年都没发生过啥大灾大难，咋能说地震就地震呢？

　　可是震感说明，真的地震了。震中区是距我们这里几十公里的一个地级市。那边发生较大规模的地震，我们这边有轻微震感。震过几次，我只有第一次感觉到了。那是一个阳光明媚的上午，下了几天的暴雪终于停了下来，我坐在书桌前看书，妈妈坐在客厅电脑前看电视剧。忽然，我就觉得我连同桌子、凳子一起在晃，左倾，右倾，左倾，我被晃晕了。等我反应过来"糟了，地震了"的时候，震感已经消失。我跑到客厅问妈妈："妈，你感觉到晃了吗？好像地震了！"我妈一脸惊讶："地震了啊？我还以为是你在后面晃我椅子呢。"

　　这时爸爸从单位打电话来问："你跟孩子在哪儿呢？"

　　我妈说："在家呢。"

　　我爸："地震了你们知道吗？"

　　妈："知道。"

　　爸："我们单位的人全都跑到楼外了，你和孩子怎么不往出跑呢？"

　　妈："我看墙没裂缝就没跑。"

……

大雪又下了起来，时而伴随着大雾。听说某个周五的晚上又有震感，这次我没感觉到。次天星期六正上着课，老师突然被叫去开会，说是因为地震紧急放假。同学都乐坏了：下了几天大暴雪都不给假，这回终于能放假了！放学收拾东西装书包的时候，我一抱拳："同桌！保重！"同桌深情地回我一拳"保重"就背着小书包回家了。老师在一旁看见了抿嘴笑。

在浴池交钥匙的空隙，我听见柜台前一个工作人员对另一个人说："咱们这儿不可能发生地震，因为咱这儿地底下不空。"我记得地理老师说地震是板块活动引起的，于是我一边在心里画着地震与地底下空不空是否有关的问号，一边小小鄙视了那人一下：没文化，真可怕！

到现在我也不知道地震与地底空是否有关系，但我知道开学以后的晚自习和周六周日的课都取消了，我们过上了小学生一样的生活。这本该是件好事，可是作业很多的忧伤你懂吗？每天写到11点睡觉，第二天早自习继续写。我只能在心里呐喊：老师少留些作业吧，在这动荡的年月，若是真的地震了，我可不想抱着作业死！

在空间看见条说说果断转发："地震—暴雪—地震—暴雪—地震—暴雪，吉林怎么了？正确答案：身上有雪—抖一抖—身上有雪—抖一抖—身上有雪—抖一抖……"

因为地震，学校安排了逃生演练，要求同学们四分钟内全部撤离教学楼。你没看错，就是四分钟。因为地震，我们留在家里的时间变多了，而这些天却安然无恙，什么都没有发生。同学表示：没有造成伤害，却能让学校放假，真是中国好地震！

每天晚上睡着前，我都会默默祈祷：今天先别地震啊，因为我还没想好应该跑还是应该躲，等我想好了再震也不迟，所以先别震啊，不许震，我要睡觉了。于是我睡着了。

跑还是躲是一个叫人纠结的问题，我估计我一时半会儿也想不出个答案来，所以地震先生，您先去冬眠几百年可好？

我们不会飞，但都会变超人

椴椴椴

从回家的大巴上跳下来拖行李，看到非要出来接我的老妈从远远的地方就开始朝我跑来，突然的，就很想哭。

窝在家的椅子里发了一条朋友圈："回到家，看到妈妈苍老了好多，好难过。偷偷跑到卫生间哭一下也没有感觉好受点儿。岁月啊你怎么能这么对我妈呢？"

等到短袜子从同学家回来以后，我对她说："我不在家的时候，你一定经常气我妈，对不对？"短袜子迟疑着，压低声音，说："我告诉你一事，你千万别说出去。老妈好像生病了，前段时间，爸妈他们学校组织老师体检，好像查出了肿瘤。他们都不告诉我，我是偷偷听到爸妈谈话知道的。而且，前两天，妈突然买了人寿保险……"

其实，我打小就坚信，我爸是超人，我妈是女超人。我爸扛得起大米换得了煤气，我妈能轻易解决掉蟑螂和数学题。他们永远年轻有力。所以我接受不了他们的疾病和老去。

那条朋友圈底下所有评论清一色地可以缩句为"多陪陪爸妈"。除了圆子的。圆子问："阿姨怎么了？""我妈生病了，具体情况不清楚，我还没敢问。"圆子飞快回复："找机会问问你爸具体情况吧。椴子现在是大人了。"圆子总是这么敏锐又贴心。

这时候，妈妈洗了一个肥硕的苹果，我拿起水果刀开始削皮，笨拙地不断调整刀刃的方向。终于勉勉强强地把苹果皮都削进垃圾桶以后，发现苹果瘦了一大圈，最表层都已经被空气氧化出锈色来，那样子就跟偷喝了减肥茶似的。

接着就听到妈妈在阳台喊我："来，我教你怎么用咱家的洗衣机。这样我不在家的时候，就不用担心你不会用它了。"是的，这台普通的全自动洗衣机跟我同住一个屋檐下十来年，我却至今不知道按哪几个键就可以让它为全家人洗干净衣服。

突然，我深深意识到，我就是个贫穷的二世祖。

跟垄仔说："他们什么都没有告诉我，挺失落的，就觉得，我明明都是二十岁的大人了，却还是跟个孩子似的，要别人照顾，什么忙都帮不上。"人最害怕的就是亲眼看见自己的无能。

垄仔说："其实以前没怎么觉得父母有多娇纵我们，但现在渐渐发现，我们真的被父母保护得很好。"

爸爸妈妈就像是金钟罩和铁布衫，总是尽自己最大的努力，为我们扛下生活全部的重压，为我们挡住所有来自外界的伤害。但是，总会有那么一天，金钟罩发旧，铁布衫磨白，这时候，一直蜷缩在父母羽翼下的我们，要怎么飞快地伸展，成为替父母家人遮风挡雨的伞？

垄仔在微博里写："慢慢的，好像大家都到了这样的年龄：体验现实的重压，开始思考未来和出路，然后成长。长大就是离开父母的遮蔽和保护，用自己的双脚站立，用自己的双手奋斗，保护所爱的人。往后的日子里，请让我为你们温柔抵挡。成长万岁！"

是啊，当责任降临，没人替你挡，没人帮你忙，只有自己扛的时候，就算是一夕间，你也会感受到，正在骨骼生长羽翼丰满内心强盛。原来成长，真的有这样速成的方式。

所以，要坚信，我们不会飞，但都会变超人，在阳光雨露霜雹下，愈发茁壮坚强！

我的篮球男孩儿

程　程

　　我不知道是不是每个女孩儿心中都藏着一个篮球男孩儿，但我心中有。小时候看《灌篮高手》，迷上了流川枫的帅气迷人，也爱上了樱木花道的阳光诙谐。

　　所以我对打篮球的男孩儿总是别有青睐。对于他，最初的喜欢也是从篮球开始。

一　一　得　一

　　夕阳无限好，只是近球赛。

　　球场上掌声响起来，一浪接过一浪，分贝极高，震耳欲聋。又是一个漂亮的投球，少女们的尖叫声盖过掌声，场面极为热烈。

　　而我，身为观众之一，只是站在四楼的走廊，远远伫立望着你，面带微笑。这微微上扬的弧度抑制不住我内心的澎湃。

　　若不是周围没有人，我早已表现出病人般的疯狂：抓住同伴的衣襟激动地摇晃，不顾他人异样的眼神，直指场上挥汗如雨的你，大声宣告，你是我的男神。

　　一阵风在我身边打了个转，然后屁颠儿屁颠儿地飘走。我的身边，空无一人……

问你是谁？那个身材高挑、背影颀长、白白瘦瘦、活像根竹竿的不是你是谁？

我的篮球男孩儿，我相信，不管隔了多少重人海，我总能一眼望见你。不因你的引人注目，不因你的知名度，只因你是我的篮球男孩儿。

我的眼神不知不觉又飘向了你……

一 二 得 二

又是一节体育课，我们排着整齐的队伍，认真听老师指挥。然后，视线范围内出现的一抹耀眼的荧光绿让我慌乱了心。

我曾一度讨厌这个颜色，不为什么。可是每次见你都是穿这种颜色的衣服，我发现我也不那么讨厌了，这就是爱屋及乌吗？

你优雅从容地拍着篮球，修长的手指很容易让我联想到小说里弹钢琴的男主。

夜深，我把被子拉高蒙过头，然后手贱地改了个性签名："就算是拒绝也没关系，我喜欢你。"不到两秒，我就后悔了，觉得自己太不淡定了。动了想删的念头，但也只是想想而已。

临睡前，我又拐弯抹角十分婉转含蓄地发表了一条说说："也许我只是喜欢你的众多女孩儿之一，没关系，我在一个只要你抬头就可以看见的地方。拉杆少年请回眸！"

一种说不清道不明的情愫在心中荡漾……

一 三 得 三

自从我头脑发热发表了那该死的像告白一样的说说后，感觉全世界的人都知道我发春了似的，同桌整日调侃我，总是深情款款地仰天长啸："拉杆少年请回眸！"我看着她那欠扁的样子，直抛她一个白眼。

假如眼神可以杀人的话，她早就被千刀万剐、五马分尸、灰飞烟灭、魂飞魄散……

就在我沉浸在篮球男孩儿的暗恋陷阱中时，一个晴天霹雳直击我的脑门儿。

原来，我的篮球男孩儿早已名草有主。而我连松土都没有资格。同学劝我移草接木算了，我笑笑说没事。

也许我内心深处是苦涩的，但我仍衷心祝福你们。眼泪总在抬头那一刻蒸发。

听说你的女朋友有点儿高有点儿黑，还有点儿漂亮。那么，你们是青梅竹马还是一见钟情抑或日久生情？

还有，我的篮球男孩儿，你这是闹哪般？打算来个黑白无常吗？瞧你那皮肤白得跟雪似的，已经很对不起你篮球队员的身份了，你还煞风景地找了个非洲女友。你这是别有居心地为了衬托出自己白吗？好吧！但愿，你的女友别黑得像非洲的炭……

好吧！事实证明，暗恋是哑剧，说出来就成了悲剧。

037

我的篮球男孩儿，只要你幸福就好，因为我会把你的幸福当作我的幸福。

我是你的蓝颜

月小宇

第一次矫情地给你写信，你不会不习惯吧。

你总是说我们是烂俗的前后桌关系，好吧，我姑且承认。可能我们的友情便是在每天的胡吹神侃中才日益坚固的。

我记得那天下午在家和你聊天，聊得好好的，忽然窗外响起一阵炸雷，我握着鼠标的手吓得直哆嗦。紧接着又是一阵雷响，我的电脑黑屏了。我一个人在家，很害怕，但我还是故作镇定地把插头都拔掉了，然后一个人窝到了床上。翻出手机，挂上QQ。

刚刚挂上去，小企鹅便"嘀嘀"地叫个不停。按下"5"键，跳出来的全是你的信息："怎么掉线了？""电脑被轰掉了？""人被轰掉了？""说句话哎，急死人了真是。"

我发了"我怕"两个字，你却回了一句让我很喷血的话："钻床下去，我家小狗一响雷就那样。"我心里的温暖瞬间又冷却了。

"喊，不理你了。"

"不理拉倒。"

……

"我真的怕。"

很长时间的寂静，让我觉得恍若隔世。

"别害怕，有我在呢。"

天知道我看见这句话时有多感动，感动到我有种眼泪快夺眶而出的冲动。那一刻，很安心，害怕什么的都是浮云。我愣愣地看着那行字，从未想过你会对我说这么煽情的话，因为你在我印象中就只是个会学习的书呆子。

喂，其实你就是我的999，很暖很贴心。

之后有段时间你疯狂地迷上网络游戏，放假打游戏，上学看游戏报。我只是看不得你的名次一落千丈，我只是不习惯你自甘堕落的样子，我只是想看到你数学成绩超过我时的傲然神气，可是我却不知道该用什么方式。

大概我选错了方式，我在后面和同桌指桑骂槐地说你的不是，而我却只听到你在前面用力揉游戏报的声音。你从来不会转过来对我恶语相加，我宁愿你转过来把我骂得狗血淋头，然后为了报复我努力认真学习。可是，你没有。你仍然沉迷在虚拟世界里，我对你失去了信心。

我说你是个潜力股，你还不信。期末考试，你和你喜欢的女生同一考场，结果你很争气地又进了前三名。你拿着成绩单转过来对我说："瞧，大爷又回来了。"我怔怔地看着你，这是我们冷战二十七天后你对我说的第一句话。我笑了，只是发自内心地笑了一下，没有原因，只是单纯的开心。

我知道，我没看错你。还有那刻，我想说对不起，可是我没有，因为我把它融进我的微笑里打包送给你。

我以为我们的友情只局限于高一同班的这一年，你是太过被动的人，大抵高二我们就疏远了吧？虽然我不想，但是我也从不强求，强求你施舍一些温暖和感动。

刚开学几天，我一直很怕见到你，也许只是害怕心中的某个假设成立。之后，这个假设就真的成立了，你从我身边走过，不带丝毫情感，也没有回头看我。呵呵，我的第六感还真是灵验。再然后，每次看到你在身后，我都把头转过去不看你，因为我不想看到我们形同陌路的场景。

周末放假，你在QQ上问我为什么不理你，我说，"是你不理我好不好。"我当时有些难过，你却又一次让我的眼泪夺眶而出："你在我心中的位置早已坚固得不得了，我怎么舍得不理你？"我听到眼泪滴在键盘上的声音，很清脆，然后便看到眼泪在键盘间的小缝伸延开来，就像你给的温暖在心里肆意蔓延。

喂，你在我心中的位置也早已撼动不了。

平安夜中午，我忙着买苹果买礼物，午饭也没有吃。一到校，噌噌跑到三楼把你的一份放在了你位上。于是，你们班认识我的女生就开始坏笑，我笑笑说："别胡思乱想，我们就是特单纯的朋友关系。"唉，世俗眼里永远没有纯洁的男女关系，但我笃信，我们就是，也许会一直是。

刚从楼上下来就看见你站在二楼，我当时以为你下来找你那群狐朋狗友的，但是你却摸了摸我的头发说："放学等我一下。"眼里满是比湖水还静谧的温柔。

放学之后，我一个人站在楼梯口等你，风吹过来有点儿冷。转头，看见你匆匆从楼上下来的身影。你用语文书裹着件礼物，往我手里一塞说："人家太忙了，没来得及包。"然后便离开了。我一直都知道，你不会做这么矫情的事，所以用语文书挡着怕别人看见。我拿着那个印着凯蒂猫没有包装的杯子，一个人站在风中笑了很久。

傻瓜，都不知道等我一下。

快放寒假的时候，闺密感冒请假回家，所以每晚回家我都是一个人走。随着人群涌入车库，戴好帽子手套后握紧车把准备出发，这时看见你正好站在入口。刚想上去和你打招呼却意外地发现你身后站了一个女孩子，很安静很美好，是与我截然不同的样子。我安慰自己说，没事，可能刚好是因为人群太挤，她就刚好出现在你后面。可是，我错了。你去找车，她就一直跟在你身后，安静地看着你。我想起平时我等你的时候，总是催促着你快点儿快点儿。这大抵就是女朋友和女生朋友的区别。女生朋友永远不会和女朋友是同一类型，女朋友在你面前永远是最美的一面，而女生朋友在你面前展现的永远是最丑陋的一面。

我一直跟在你身后，看着你们微笑寒暄，气氛暧昧，我一直都在后面默不作声。我多么希望你回头看一眼，便会看见你身后泪光闪烁的我。你没有，那晚你的样子是你从未展现给我看过的另一面。惊讶地发现，有些东西其实是相通的，比如面对不同人的不同表现。

其实我也不知道那晚为什么会流眼泪，也许就像闺密说的："我能理解心爱的玩具就这么被人抢走的感受，不是喜欢，只是习惯。"

可能我是自私的，自私地要求你只对我好，但这样的我很傻，因为人总要经历一些必经的离散。就像有一天，我可能也会离你而去，但你曾经给过的温暖还会驻足在心里最柔软的角落，在寒冷的冬夜可以拿出来相拥着取暖。

我现在可以带着微笑祝你幸福。

你是路过我青春里最好的蓝颜，我一直都想说"谢谢你"。

有些男孩儿，教会我成长，教会我爱。

我不是你的故事

就这样陪在你的身边

紫雪微晴

我是林涛，一名沉默寡言的普通高中生。可是，我很想简单地陪在那个叫林海安的女孩儿的身边。

我看见她的幸福，那么耀眼

每天的某个时候，在那个路口，还是那个男生在静静地等着林海安。这时，林海安总是急匆匆地从家里赶出来，看见他，便放慢脚步，缓缓地走到他身边，亲切地问："你等多久了？"男生没有回答，牵起林海安的手，十指相扣。

把林海安送到学校门口，男生便又折回去了。他穿着干净简单的白衬衫，浅棕色的裤子，黑色的帆布鞋，简单的打扮却有着一种特别的舒适感。林海安喜欢的人是如此的美好，以致林海安在他的身边，褪去了所有的疯狂和野蛮，像被江南的烟雨所浸润，以最美好的姿态站在他的身边，只为他盛开。

英语课上到一半的时候，林海安用手肘碰了我一下，我偏过头看她眼里闪耀着幸福，她小声地问："如果有人从离你家很远的地方绕远路送你上学，然后再折回去上课，你会不会很感动？"我把视线转到黑板上，什么都没说。原来，这个每天都等你的男生，心甘情愿绕那么远的路只为陪你走一程。他该多么喜欢你，而你又是多么幸福呢？我可以想象得到。

见我又沉默不语，她自顾自地说："我为什么要问这样白痴的问题？作为一个男生，你怎么可能会懂得女生这种被人疼爱的幸福，这种微妙而细腻的感觉，你是不会明白的。"我还在等她继续讲，被老师凶恶的目光扫过的林海安猛地低下头，佯装在认真地抄笔记。

是啊，我不会明白。可我看见你的幸福，似乎所有明亮的阳光都集聚在你深深的眼眸中，是那么的耀眼。

我也很想像哥哥一样，守护着她

我叫林涛，她叫林海安，我们是同桌。

插上耳机，简单的旋律在耳边缓缓缠绕，温情而明快，像汩汩的河流缓慢地流泻在心尖。拐过楼梯口，左耳的耳机突然掉落，一个陌生的声音传来："海安，那个林涛是不是你哥哥？"就这样硬生生地闯入我的耳朵。林海安轻轻地笑道："怎么可能呢？我和他哪里像兄妹了？"

说得对，我们一点儿也不像，性格上就有着天差地别。林海安活泼开朗，在开学不到几天的时间，便和大部分同学称兄道弟了。不像我，开学两三个月了，有人问林海安的同桌是谁，当她提到我的名字时，那人便摇摇头说："我们班有这人吗？"唉，毫无存在感可言。学习成绩也一样，林海安总是以着我追赶不上的速度，一直朝前。林海安怎么会期望有我这样的哥哥？

其实，我也很想像哥哥那样，守护在她的身边，只是她并不需要，也不在乎。

那个敢夺下我的眼镜的林海安，竟变得如此悲伤

学校的广播站播放着梁静茹的《可惜不是你》，遥远而温柔的歌声回荡在空旷的校园里。

一进教室，便看到林海安深深地低着头，视线在草稿纸和练习上移动。我挪动了一下椅子，声响有点儿大，而林海安仿佛没有听到，亦没有抬头。

林海安一个下午都没有说话。后桌陈诚捅了捅林海安的后背，闪着狡黠戏谑地问："林海安，你怎么了？你不会是想告诉我你现在要女汉子逆袭，当文艺女青年了？"林海安依旧一反往常地沉默。

陈诚的眼光望向我，我开玩笑地说："她失恋了！"林海安并没有凶狠地扬起拳头。

"哦……"拉长的声音包含很多的意味深长。而林海安眼里闪烁的光芒片刻便熄灭。

林海安总是不说话，这样的她像失去了所有热烈的色彩，像一朵淡雅素白的花。

已经很久没有看到那个少年了，路上也只剩林海安孤单的身影。那个会绕很远的路来陪林海安的少年消失不见了，我无心开的玩笑竟然成了事实。那些流光溢彩的幸福，像一场昨夜的大风席卷了所有过往，只剩寒冷。这份寒冷凝结成旖旎的伤口，张扬地盘踞在全身的脉络，是不是悲伤到了极点，才忘了喊哭喊疼？我多么希望林海安可以像所有失恋的女生那样大吵大闹，而不是这副安静淡然到我受不了的模样。

我想起军训的时候，班里的女生都在私底下议论着隔壁班教官的帅气。明明高度近视的林海安却没有戴眼镜，转过头对我说："喂，同学，眼镜借我！"没等我点头同意，林海安就踮起脚尖粗鲁野蛮地夺下我的眼镜。那时候我在心里哀号："怎么有这样粗野的女生？"她把抢下来的眼镜理所当然地架在鼻梁上，努力地张望着隔壁班的教官，看完

后特愤愤不平："哪里长得帅了，这都什么眼光？"

现在想想是因为林海安的心里已经有一个美好少年存在着，其他人都成为不了她眼里独特别致的风景。

那个敢在光天化日下夺下我的眼镜的林海安，张牙舞爪的林海安，现在却如此悲伤。那些伤痛已经发不出任何的声音，只是冷静无声的对白，像是寂寂的月光。

从故事的结局中醒来，开始痊愈

我没敢问林海安怎么了，她和那个少年的故事我也无法得知。我只是在心底埋下一个简单的念想——林海安可以像从前一样快乐。我也很想做些什么。我决定给林海安讲笑话，可我的笑话太冷，我自己都笑不出来。可我却清晰地听到林海安爽朗的笑声，如同盛夏的阳光，张扬又明亮，那个像向日葵般灿烂的林海安是不是回来了？

林海安生拉硬拽地拉我去操场打羽毛球。她的球技不是一般的烂，总接不到我的回球。看到我在笑，林海安一边拿球拍砸我，一边抱怨："都是你，总是让我捡球！"我无奈地翻了翻白眼，没有反驳。这才是真正的林海安——毫不讲理。

我相信，林海安心底的伤会慢慢痊愈。就像她的书里一浅蓝色纸条上的一段话："没有眼泪，没有后悔，只是偶尔会心疼自己。就让这段中途离场的幸福，默默地路过我的青春……"

所有的情节一一走过，那便是结局。从故事的结局中慢慢醒来，开始痊愈。我相信足够坚强的林海安，会开始拥有属于她的艳阳天。

林海安说，她能够做到的，便是默默地陪在我的身边

当我告诉林海安我被提名为学生会主席时，林海安的表情相当惊讶，然后手足舞蹈兴高采烈地轰炸了一系列的问题："谁被提名为候选

人，什么时候开始拉选票？……"

"有五个人，1班的韩洁，2班林淼江，4班的陈皓，7班的李子欣。"

听到这四个人，林海安的表情有些泄气和萎靡。林海安小心翼翼地说："林涛，如果凭借工作能力和态度的话，那么这两个主席之位必有你的一席之地。但是如果凭借人缘的话，我觉得主席可能是韩洁和陈皓。"林海安的话让我恼火，我一反常态大声咆哮："我当然没有那个每天送你来学校的人优秀！"听到这话，林海安冷笑了一声，随即空气中凝固着寒冷。在空荡荡的教室里，林海安像一朵颓败的花，显得那么的落寞孤单。

之前我从林海安的初中同学那曾杂七杂八地听到有关那个少年零碎的事。他很优秀，代表学校拿过各种各样的奖项，是赫赫有名的学生会主席，还是很多女生倾慕的美好少年。为了配得上披着耀眼光芒的他，林海安曾固守着心底那份荧光烛火的坚持，一直拼命努力一直向上，直到成为他身边一棵昂扬向上的向日葵。

林海安拼命掩藏的伤被我从心里狠狠地挖起，我以为林海安再也不会理我了。可当我竞争学生会主席发表演讲的时候，看到了坐在角落的林海安。不是学生会成员的她混在其中，难道是想为我投一票，为我增加些胜算吗？我不确定。

一切都结束了。我落败了。事实如林海安意料的那般，韩洁和陈皓成为了学生会主席。

我和林海安的目光碰撞在一起，我只能下意识地闪躲。我突然不知道要怎样来面对林海安，面对我们之间这千疮百孔的友情。是不是我们会成为麦田里的守望者，在往后的日子里，看着鲜活饱满的记忆风干为哀伤的岁月，从此之后只剩下荒芜的黑夜来安慰所有落寞的灵魂？

回到教室，林海安的书包已经不见了，看来是回家了。我从抽屉里拿出书想放进书包里，从中掉落一张便利贴，是林海安的笔迹："我不想安慰你，因为我觉得安慰也是一种揭人伤疤的行为。我能够做到的，便是默默地陪在你的身边。"心中顿时铺满了不可名状的温暖。走出教室，拐过楼梯口，便看见林海安。风轻轻地吹拂着她飘逸的长发，傍晚的余晖洒在她白皙的脸庞上，这样简单的画面俨然成为我校园时光里一段最美丽的风景。

就想这样陪在你的身边

看到林海安剪短的头发，我着实地被吓了一跳。惊讶得脱口而出的便是："这下内心和外表一样'二'了。"祸从口出，我又挨了林海安一顿暴揍。

我不知道林海安是受了什么刺激才想要去剪掉那么长的头发。

林海安说过她有长发情结，长的头发让她有一种是真正女生的感觉。那时，林海安还总是调皮地对我说："待我长发及腰，少年你娶我可好？待我长发及腰，姑娘我勒死你可好？"

书上说，失恋的人会想通过某种极端的方式与过去做彻底的决绝，那么剪掉头发是林海安刻意地想遗忘过去然后重新开始明媚地成长吗？

林海安笑嘻嘻地对我说："我要看看，等我头发和以前一样长的时候，我有没有变得优秀而美好。"一脸的天真无邪。

我又抛给林海安一个大大的白眼，可我知道，你终究会像一朵曼妙的花那般，用美和明媚来滋养自己，然后在明亮的日光下，盛放着最美的舞姿。

林海安，我想见证你变得美好而优秀的过程，我就想这样一直陪在你的身边，看你向着最美好的方向生长。

送给我亲爱的小雾

景涵

有　伤

今天跟小雾玩了好几次计时流泪的游戏。眼睛又干又疼。

很喜欢在夜晚路灯的照射下看车窗上的自己，晃啊晃，明明暗暗，看不清楚。只觉得本就应是这个样子的，从没了解过谁，从没看清过谁。

然后我就想：我是不是可以简单一点儿呢，我若是不想那么多，该是会快乐很多吧？然后就又流眼泪了。说好听些，我是有些情绪化，说白了，我就是犯贱。我不想让妈妈看见，就仰头不眨眼。我想起小雾今天跟我说，流眼泪不疼的，疼的是让眼泪流回去。当时她还特夸张地甩了一下头，然后我就伏在桌子上一直笑一直笑。

小雾一直要跟我比谁能在最短的时间内掉下眼泪来。我们都可以在十五秒之内完成呢。

可不可以说，我们都是有伤的人？看吧看吧，我就是爱矫情。

逆 光

今天我值勤。坐在讲台上，每次抬起头来看下面的人时，总看见小雾呆呆地看我。见我看她，她就又笑又闹。我走过去说："你干吗呢，闲成这个样子？"她笑靥如花，说在背英语课文。

我走，她逆着光对我微笑。

下自习后她问我："没觉得我对你逆光微笑的场景很熟悉吗？像不像我们初一刚来时，我逆着光看你微笑的样子？"我说我忘了。

我真的很希望我会记得。某个不知名的瞬间发现某个不知名的场景似曾相识，是种多么美好恬静的感觉啊！这种熟悉，总是让人很安心。

我总是忘了太多不该忘的事，把该忘的事记得刻骨铭心。这很糟糕。

不 可 貌 相

我曾经问小雾，若要她来形容我，她会怎么形容，她说她想想。过一会儿她递过她的语文书，上面写着四个慵懒的字——刻骨铭心。我们都笑了。

我对小雾说："我们刚认识的时候你对我真的很客气呢。"她说："有吗，可是认识你以后才知道不能以貌取人。"我说："你是怪我长得太影响市容啊？"她说："不是不是，当然不是。"

我很少相信什么人，尤其像小雾这种不乖的孩子。可是我真的很相信小雾，甚至觉得她很正直，至少她不会对我使坏。当然，她说我也并不是好孩子。

小雾，你没有我坏的，你就算坏，也还坏得光明正大，不像我，明明坏，却还装得那么好。

我 们 很 像

从刚认识你开始，就觉得我们很像。

只不过，我比你欠了一点儿勇敢而已。

我们是君子之交，淡如水的。

纸飞机过隙，一片晴空

　　其实，遇见是一件美妙的事，就像我遇见你。

　　我想把我们之间的每一字每一句都记录下来，只怕写成了流水账糟蹋了小博这一方宝地。我假传编辑姐姐的话，要你在脑袋里开个账户，把我要写没写以及要写已经写完的事存进去，然后定为死期，期限是永远。还有还有，我确定一定以及肯定我会记住你的，因为，因为你还欠我一首歌呢……

新城已无旧光阴

陈勋志

1

　　格央总是觉得，铜城的天空像一块脏兮兮的抹布，让她始终有一种伸手去轻擦的冲动。但毕竟铜城本身就是以产铜为主的小镇，它粗糙并且落后。它的身体下面隐藏着大大小小的矿洞，地面的工厂里释放出浓重的墨色烟气。使得铜城的骨子里透着一种莫名的忧郁气质。

　　而格央坐在铜城子弟中学的某个教室最靠近走廊的那个角落，一边看着天际以最快的速度燃烧成无尽的黑，一边焦躁不安地扭动着身体，企图将手中的那张数学试卷做完。但她根本无法集中注意力，最后三道题分别是概率几何和函数，她一概不会。她恨恨地用笔敲了自己的脑门儿三下，就看见一个纸团"嘭嘭"两声从窗户跃到她的桌上。

　　应该是答案之类的吧。格央几乎是抽搐着将纸团小心翼翼地展开，看见上面歪七扭八地写着：格林又打架了。

　　格央的身体继续抽搐着，同时，她的血液也波涛汹涌起来。她空着三道大题，转身便把数学卷子交了。她咬牙切齿嘴里细碎骂着什么走到了冰凉的走廊，便看见尽头等着两个少年。裤子又大又松悬在腰际仿佛马上就要掉下来，头发是脏兮兮的核桃色，不用想便知晓是格林的手下。"格林在操场那边，我们拉也拉不住。"其中一个少年说。但格央眼珠子也不转一下，只是卷了卷袖子，然后从漆黑的楼道奔下去。

格央也不知道，是什么时候起，格林这两个字在她心里比数学这两个字还要头疼。作为比格央小一岁的弟弟，格林是从邻家男孩儿转型到不良少年的典范。他与姐姐的柔弱性格截然相反，他暴躁，乖戾。格央扭了他无数次耳朵，告诉他无数次，他已经高二了，格央自己也高三了，谁都没时间这样无所事事地耗下去，他们要一起到外面的世界，离开这个乌烟瘴气正在没落的小镇。

但今晚，故戏仍旧按时上演了。

操场上泛着少年淡淡的血腥味儿，与之相对的，是广袤并且壮丽的苍穹。丝丝的星辰之光下，格央看见不远处两个少年扭打在一起。格林明显是占优势的，他猩红着眼骑在对方身上顺势下去就是两拳，咆哮和呻吟交织在一起，两个人的影像又模糊了。

格央冲上去将格林揪起来。耳朵是格林的软肋，他痛得嗷嗷叫，一边佯装霸气地指着旁边那两个手下喊："是谁叫我姐来的，还想不想活了！"格央点着格林的脑门儿说："你最近怎么了？是不是想造反！"

嘈杂之中，被打的少年从草丛中踉跄着爬起来，格央侧过脸，与少年泛着血腥却出奇明亮的双眸对上，微妙的感觉游离了两秒。格央从兜里抽出一条手帕递给对方说："擦一擦脸颊的血吧，真不好意思。"

少年直着身子接过手帕，嘴角似笑非笑弯了一弯，消失在苍茫的夜色之中。

格林还在喊："许澈你有种给我站住。"而格央突然有些失神，紧接着，是涌进身体无穷的疲惫。

2

没有多少天，格央和那个叫许澈的少年再次遇见了。格央依旧坐在那个最靠走廊的角落，她透过菱形的格窗看着他一米米靠近。大概是仅仅因为还手帕，他将手伸进来将手帕放在格央的桌上，没有开场白也没有收尾词。格央仅仅是注意到，他的眼眸是他脸庞最为明亮的一处。但是作为一个敢于担当的姐姐她还是要忍不住唠叨两句："格林不是个好东西，你以后不要靠近他了。知道吗？"

"他的确不是个好东西。"许澈回答。这句话让格央有些郁闷，但她还是尽量做出官方的微笑，跟许澈说再见。之后她展开手帕，发现里面夹着几朵新鲜的雏菊，如此富有情趣。应该是许澈顺便放上的。格央的手心很冰，却瞬间有太阳亮起来。

许澈的名字其实早就有听说。铜城那家最最臭名昭著，祸害了一大批少年的台球室就是他父亲开的。但与这个背景很不和谐的是，许澈是个低调整洁的少年，大有出淤泥而不染的诗意。但是这般复杂的情况，总是让格央不禁浮想，许澈会不会像日本电影里的那些白衣黑发的男孩儿们一样，有着不为人知的阴暗一面。的确，格央有时也会不免俗气地偷偷想着某些神秘优秀的男孩儿，但是她的整个生命都被一个少年占据并且困扰着，那就是格林。

已经连续几天，格林都没有出现在格央的视野里了。除了早晚有看见他回过家上过床的痕迹，谁也不知道他的踪迹。这让格央有些上火，她们的父母出去打工，叫她好好照顾格林。对，这些她都一直唯唯诺诺地记得，她在上数学课的时候一边拿着那张不及格的试卷，一边突然想到格林之所以打许澈，是因为他们家的台球室打烊的时间太早了。云淡风轻，天色尚早，格央迟迟不愿回家，于是拐进铜城那条古老的长巷，里面是许澈家开的那家台球室。

这里昏暗并且肮脏，空气中有啤酒与香烟混合在一起的恶心味道。烟雾缭绕之中，格央一眼便发现了正在打桌球的格林。他与古惑仔毫无二致，嘴里叼着一根雪白的香烟，看得出几天没睡，但却在尼古丁的作用下兴奋地颤抖。

格央感觉自己一下子失声了。这是她从未见过的格林。她紧握着拳，一步步向格林逼近，拥挤的人群逐渐散开，让出一条小道。格林抬起头来惊慌失措地说："姐，你怎么来了？"

没有回答。格央毫不客气地一巴掌落在格林的脸上。人群开始骚动，格央的鼻子里一股酸味。但她并没有收手，一巴掌再次下去，却落在挡在前面许澈的脸上。这一巴掌很重，许澈的嘴角开出一丝血口。白皙的脸庞上印着格央的手印。

"请不要在台球室聚众闹事好吗？"许澈没有丝毫惊慌，而是抿着双唇，淡然而简洁地说。反倒是格林，一只手捂着半张脸推开许澈叫道："滚滚滚！都给我滚！"格央的目光停留在许澈的项坠上，那是一颗骷髅头，邪恶却迷人，闪耀着浅浅的光。这道光在格央的眼里渐渐熄灭，接着是无穷的黑暗。

3

格央晕倒了，长期的操劳和疲惫终于瞬间爆发了。等她从漫长的梦境中醒来，睁开眼便看见格林一脸愧疚地坐在她的身旁，双眼泛着微红。但格央说的第一句话却是："你千万别把这件事告诉父母。"第二句话是："许澈怎么样了？"的确，格央的脑海里还是有许澈的影子，她躺在床上花了半分钟的时间追溯到进台球室找格林的那天，在发现格林之前，她有很明显地看到，许澈坐在一个没人的台球桌上调试着电吉他的音准，一种独特的气质让他与其他人区别开来，他的安静瞬间让人的心灵净空。

格林端来一碗药，说："姐，我以后不会再干这样的事了。你放心吧！我会好好保护你的。"

但这个承诺似乎有点儿晚。格央一边饮着苦涩的药一边想到自己曾对格林说着今后要离开铜城的话，突然想哭了。

入秋之后再次和许澈遇见，竟然是在数学补习班上。格央撤去之前种种忧伤的情绪，不禁想翻一个白眼，的确，人无完人，许澈会乐器，但是他的成绩比格央的还要差劲。窗外的脆叶旋着旋着落下来。格央和许澈都很尴尬，格央在上课的时候往许澈那边悄悄瞥，发现上次的那个耳光在他的脸颊并没有留下什么痕迹，心里感觉好受很多。但是许澈在下课后却主动走过来对格央说："格央你真操心。"

格央一下子心虚了。其实她刚才偷看得很隐蔽。许澈紧接着说："如果格林是我的弟弟我绝对不会像你那么操心，因为他自己有他自己的青春。"

格央松了口气。但是她看着许澈的眼说："你不懂的。"对，他当然不懂目前严峻的形势，她在高考前就要被接去父母那里读书，格林也要被送去父母那里。这里只是她暂时停脚的地方。

格央最后默默叹了口气说："我可真不想我弟在这里弄得升不了学，我也怕自己要复读呀。"

4

十月，铅色的天空下，一切都显得苍白。夜晚来得非常早，并且天空变得更加肮脏漆黑。格央上一节晚自习，然后上两节数学补习班。这让她心力交瘁，她将脖子缩在暖融融的毛衣里，感觉风像碎冰一般从缝隙涌动进来。这个时候许澈总是在格央的身后喊她的名字。

铜城的小巷和街道逼仄并且繁杂，只有他们两个同路的时间最多。通常两个人的第一句话都是："今天布置的数学题怎么办？"紧接着，许澈从尴尬的气氛中快速缓过神儿来，说："不如我们去吃夜宵吧。"

于是对于冬日的夜晚，格央总是存着一丝憧憬。那就是在那条仅仅站着一盏灯的街口下和许澈一起吃夜宵，两个人一开始还在讨论着数学题，随后便开始谈天了。许澈在碗里拨弄着一只饺子，半张脸隐在黑暗里。他说："铜城是不怎么样，我也想考出去。但是我家的事业在这里，估计是走不掉的。"

"世界那么大，想走就走啊。我们那么年轻，你就打算永远待在这里吗？"格央说。

这时许澈埋下头，整个人都在黑暗之中，看不清他的表情。格央抬起头，发现天空并不是全黑的，有时候远处会有蓝紫色的极光。

唯独后来有一次，许澈带着格央去了台球室上面的小阁楼。彼时的格央跟着许澈穿过台球室熙熙攘攘的人群，心里却意外的踏实平静。小阁楼是许澈一个人的空间，煞是温馨，从木窗可以看见远处的矿山。许澈拿起手边的吉他就弹起来。那天晚上许澈送给格央一个粉色的七号桌球，许澈说："七号是我的幸运数字，我希望你留着它。还有，你不觉得粉色最能代表恋爱的心情吗？"

格央的手心出了汗，却抓着桌球一路小跑回家。她在日记里甜蜜地写下："我恋爱了。"

那个时候就算下了雪，格央也觉得，这是个最温暖的季节，她的日记一点点累积，化为格央萌动情愫的小小见证。许澈答应格央，一起考到外面的世界，离开这个逼仄的小镇。但是这个海誓山盟很快就被格林发现了，那天他回来寻找他藏在房间的烟，意外地发现了这本日记本。格林一脸落寞地从房间里走出来，手里提着日记本的一页。

"姐，你什么时候喜欢上许澈的？"

格央一时什么都说不出来，她僵持在原地，听着格林接连不断地质问。

"你明知道我和许澈势不两立，为什么还要和他好？"

"离开这个逼仄的小镇，不是你最初和我说的吗？"

"他根本保护不了你的，他连自己都保护不好自己。"

格林的眼神黯淡下来，他紧紧咬着牙根，一如小时候那个错了却不肯低头的男孩儿。

格央丝毫没有妥协。她依旧和许澈在温暖的冬夜吃夜宵，直到春天一点点靠近。她觉得，就算这是错觉，这种错觉也让她感到没有疲惫。那天格央依旧和许澈一起回家，夜空因为春天的靠近露出微蓝，他们站在街口，彼此为对方加油，然后静静告别。这时却从街道深处跑出很多人，他们向许澈叫喊着："许澈！台球室着火了！"果然，不远的地方能看见丝丝火光，并且迅速向上蹿。

许澈对格央说："你等我一下。"便义无反顾地冲进了那条看不见尽头的小巷。

但是格央却没能在那天等到许澈回来。许澈在火灾中局部烧伤，正在医院恢复。而事件的结果查出来，是格林为了吓唬许澈而在台球室里燃放小型的烟火，结果正好碰到易燃物品发生了火灾。格央即使是睡着，脑海里仍然浮现出那方被烧掉的小阁楼的废墟，以及许澈站在废墟边忧伤无奈的模样。她多想伸出手去摸摸他的头发，但梦境永远都不给她机会。

那天之后，天气开始转暖，但是格央却感到无比寒冷。两天之后，她和弟弟将按计划被父母接走。走之前的最后一个上午，格央去学校找许澈。那个时候许澈身上还有包扎，但是脸庞依旧新鲜干净如同刚采摘下的柠檬。格央放下对格林的恨，只是心里默默为许澈心疼，许澈眸子里有极光，他说："格央，恐怕我无法完成约定了。我不能和你到外面的世界了。"

"为什么？"格央问。

"台球室被毁于一旦，父母很需要我。不过，"许澈兴奋地说，"我决定将那个台球室改造成一个小小的酒吧，我可以在小平台上弹吉他。你会来听吗？"

格央的脸上露出一撇苍白的笑，说："会的。我答应你。"

在蓝得让人心疼的天空下，格央一步步退后，向这个陪伴她走过铜城春夏秋冬的少年告别。但她知道，她是不会再次回到铜城的，这里已经没有她的家了，她的回忆也应该被全部没收。

坐在离开的车上，格央看着格林，一脸落寞地说："从此我们在这里就没有家了，我们彻底摆脱了这个逼仄的小镇。但是生活仍然要继续，并且坚信它是向着美好的方向发展。"

那颗粉色的桌球还静静地躺在格央的包里，但是不同的是，他们将去的下一个小城，再也没有曾经的少年了。格央对着晴空万里的天空，终于大声哭了出来。

纸飞机过隙，一片晴空

给暗恋写一个美好结局

橘子汽水

第三排第二桌，是女神的位置。

别误会，我绝对是喜欢男生的，只是在众多后排男生一口一个"女神"的巨大影响下，也习惯性地称杨思琦为女神。

卓志辰第一次表露他的心迹，是望着杨思琦的背影以一副猥琐大叔的模样自言自语道："长发及腰，浓眉碧眼。"舒安远一副无限鄙视的神情，"杨思琦也是亚洲人好吗？还碧眼，我看你那眼珠子才真变绿了。"

以"女神"为中心的话题每天都在上演，尽管参与讨论的人员挺多，但主要人员就是我、舒安远、卓志辰和方展超。作为后四排唯一的女生，怎么能错过八卦。按舒安远的话就是，狗改不了吃屎。尽管他说完这句话，被我用一本牛津词典拍到头上鼓起了包。

每天放学后，当卓志辰背着书包蓄势待发地制造与女神的"偶遇"时，舒安远都一脸无语地说："你整天跟个狗皮膏药一样黏着人家，我都替她嫌你烦。"可卓志辰完全屏蔽了舒安远，一门心思都放在女神身上。因此在每个卓志辰冲出教室的傍晚，我跟舒安远都会摇头感叹：爱情的力量真伟大。

虽说舒安远每次都会在卓志辰面前冷嘲热讽，但关键时刻，他绝对是一个专业"军师"。

南方的冬天并不算太冷，每天9点多钟的太阳很暖和，大课间的走廊总是坐满晒太阳的人。

某天，杨思琦和张楚心心血来潮地搬着椅子去走廊享受日光浴时，卓志辰撒开脚丫子跑了出去。舒安远看着上一秒还在侃侃而谈的卓志辰的背影惊叹，这小子跑得比姚明还快。我无奈地说："你要说的是刘翔吧。"下一秒舒安远就把笑得正欢的方展超撂倒在地。

天有不测风云，卓志辰耷拉着脑袋回来时，我们三个看到了与杨思琦聊得正欢的林子唐。我和方展超默契地看向舒安远，他一副慷慨就义的表情拍拍卓志辰的肩膀，"放心，包在哥身上。"

我和方展超在窗台边排排站，看林子唐被舒安远连拉带拽地拖走，卓志辰不改猥琐本色地凑上去。我拍拍方展超的肩膀，笑着说："接下来就看我的了。"然后我在方展超疑惑和卓志辰无限感激与崇拜的眼神中，勾着张楚心的手去了厕所。

回到教室时，卓志辰抱拳兴叹："有此等兄弟，此生何求。"

当晚我们以制造他与女神独处为由，把极不情愿的卓志辰拖去了肯德基。当我要再点一份鸡米花的要求遭到卓志辰的拒绝之后，我啃着鸡腿悠悠地说："如果我把杨思琦也叫来，再吃你两顿也是应该的吧。"于是，我在他们三个不屑与怀疑的眼神中，拨通了张楚心的号码。舒安远不可思议地说："小女子甘拜下风。"我挖着手里的冰淇淋嘬瑟，女神的闺密是我朋友，吃喝玩乐都不愁。

卓志辰对女神的爱慕如司马昭之心，后排哥们儿人尽皆知。于是某天，在十几个人掰手腕以方展超胜利告终之后，不知是谁居心叵测地来了一句："谁敢给女神写情书？"一番争论之后的结果就是十几个人围着桌子转笔，笔尖对准我时，大家愣了一秒随即大笑。我特别冷静地伸出手把笔尖对准了卓志辰，接着就是高分贝的笑声与掌声。

卓志辰一脸受气媳妇的衰样拿着笔坐在中央，大家你一言我一句地捣乱，什么"假如给这份爱加一个期限"，什么"你失眠了我会给你数月亮"，各种无厘头搞怪的句子一大堆，其中夹杂着阵阵的干呕和狂笑声，那封情书最终躺在垃圾箱里。

情书的落败并不能阻挡卓志辰那颗为爱痴狂的心，而没过多久，卓志辰的执着感动了上天，他终究迎来了自己的春天。

周一的晨会上，高二年级三千多人呼啦啦地在国旗底下排着队。初春的早上，年级主任唾沫横飞地讲了将近二十分钟，一大群人又热又烦，方展超一脑门子的汗。这时，戏剧性的一刻出现了，张楚心和另一个女生搀着女神从前面走出来，原来是杨思琦低血糖险些晕倒。班主任着急地喊："快来个男生背她去医务室。"我和舒安远灵机一动把卓志辰按倒在女神前面。当一大群人走远时，舒安远冷不丁地说："我好像记得医务室离这里挺远的。"我望着卓志辰远去的背影说："少说也有三百多米。"头顶又传来方展超的声音："好像医务室在四楼。"接着三个人特别不厚道地笑出声来。

当卓志辰甩着胳膊一副要死的模样回到教室时，我笑得特别奸诈："你应该活不过今天了，一大波平日里来班上打探杨思琦的男生就要来找你算账了。"舒安远眼睛放光地把手中的书一扔，夸张地比着手势说："在全年级师生面前上演'狗熊救美人'，哥们儿，你这是要火的节奏啊！"卓志辰一拳打在舒安远的手臂上，"你才狗熊！"

正常情况下，这个时候就要造就一段佳话了，但情商为负值的卓志辰在女神向他道谢时竟然说了一句："你还真是有点儿重。"我们三个并排站在窗口对着卓志辰摇头感叹："扶不起的刘阿斗啊。"

卓志辰暗恋女神的搞笑戏码仍在上演，这样每天几个人一起调侃他的日子也未完待续。我在想毕业后，能不能给卓志辰的暗恋生涯写一个美好结局。

纸飞机过隙，一片晴空

柯一梦

　　九月。在高一开学的两个星期后，班主任终于想起要大面积串动杂乱的座位。星期天，在黑板上找到自己的座位，我蹦下讲台，把背包安置在靠讲桌的第一排。这，就是传说中的新座位了吧。都说靠山吃山靠水吃水，看来这半年我要靠着讲桌吃粉笔灰了。

　　晚上的某节下课，一本子从后面传来，我还以为是什么呢，原来是要QQ号建群的。我二话没说提笔落字，回头把本子传回去时发现后两排有一小帅哥安安静静趴在桌子上，从前从没注意过。好看虽好看，可惜咱不是花痴。转回头，听见后面一排男生说："呀，这么痛快！""太给面子了！""挺够意思。"我勾起嘴角。咱可是女中豪杰，够意思那是必须的！

　　周末放假登上QQ，消息盒子上显示有人请求添加我为好友。不用看就猜得到，这帮臭小子，才见过几天，名还没记全呢就纷纷建群加好友了，不怕遇着狼？

　　我点击了确定。瞥见屏幕右下角的头像一闪一闪的。

　　"你是？"

　　"我是小漾。你是？"

　　"我是小阁。"

经过一番周旋熟悉了些，原来这就是第三排的小帅哥小阁同学。

"以后在班里也可以经常聊天啊。"你说。

下晚修，一个人跑去楼下的洗手间。回来时遇见你，一起回班的路上聊得很开心。天很黑，风很暖，路灯很亮，星星很闪。远处传来飞机的轰鸣，仿佛看见一条白线划过天际。

我说："感觉你在班的时候和网上一点儿也不一样，感觉你在班里特安静。"

"是吗？"

"嗯。你打篮球一定不错吧？"

"嗯。还好吧。"

体育课上，我从死党那里借来篮球，从众人诧异的眼光中飘过，直奔球场的某个角落。对面半场，你和班里高个子男生玩得起兴。我一个人玩累了，坐在篮球上惬意地喝着康师傅绿茶擦着鬓角的汗水看你们挥汗如雨。

回到班，听见后面传来你同桌小A质疑的声音："她，也玩篮球？！"我偏过头瞥了一眼，哼，小看姐了，我可是小学五年级就开始摸篮球，初中没怎么玩也天天泡在篮球场。我喜欢玩，虽然不太会，但，绝对不是作秀！

什么时候开始熟络起来，琐碎的故事勾勒出生活的轮廓。在QQ上，你了解到我会码字，遂当机立断拜我为师。看见没，我不过写了篇小文，就有粉丝来助阵了，看来咱以后定会人气大增。你要看我的文稿我就誊抄了一份。不过两千多字的小文，我整整抄了三个小时才完。放下笔如释重负，心里呐喊着累啊。虽然字数不多，只能怪咱写字功底太差，其实也不怪我，笔跟我不亲。

英语老师面对我班年组倒数第一的成绩终于决定要进行魔鬼式训练，每节课前的英语听写凡错两个及两个以上者统统抄写单词，还敢不背单词你就等着海量的罚单把你埋了吧！——于是，你，我徒弟，就被埋了。身为师父，我不能看着亲徒弟死于"罚海"手下，所以我主动地帮你揽了十分之三的罚写。英勇正义大气的我再次现身，救徒弟于苦海之中。可是你却告诉我，我帮你写的第一份罚写已被你珍藏。徒弟，你要珍藏早说嘛，我就一笔一画好好写了，也不至于那样龙飞凤舞。而你说重写的就不好了，这样才更有意义。

又是一天下午，又是一节体育课。学校的体育课比马路中间警察叔叔的工作还风雪无阻。外面的雪都下那么厚了也敢把我们放出来撒野……停，亲爱的朋友们，把你们联想到的一切关于打雪仗的文件全部删掉，我们是爱篮球的孩子，会玩那么弱智的游戏吗？

条件再恶劣也阻碍不了我们玩球的热情，在雪地上球拍不起来我们就比罚球，赢饮料的。于是大家就看见仨疯小子和一疯丫头在球筐底下运气、瞄准、射球。第一个球我就进了，把仨男生诧异坏了，我骄傲啊！倒数第二个过去，我和徒弟打成平局。最后一球我进了你输了。按理来讲应该输的请喝饮料，不过出于第一次玩得尽兴，我请客。

班上开始盛行叠玫瑰花，发源地就是你那里。一下课，就有大票的小女生把你的座位围个水泄不通学叠纸玫瑰。我打趣地说现在我去找你都要排队了。你一边叠着花一边很认真地回答："你不需要排队。"

正是中午，阳光很暖地照进来。此刻你还在教同桌叠玫瑰花。我也要学你却不教。你说徒弟不能教师父。

懒得理你们，趴在桌上睡午觉。

晚上放学偶遇戴着帽子走向班级门口的你，从那以后每天晚上放学都一起走。某天你说晚上想听我唱歌，我毫不犹豫就答应了。到了晚上，呼吸着外面的冷空气，我把苏打绿的《小情歌》给唱跑了。我用一天时间准备这首歌，练习唱给很多人都没有跑，偏偏在你这最后关头我紧张了。

不怪我，客观因素影响的。跑调，它不是我的错。

嘴上狡辩着，心里却偷偷计划着要重新唱给你听。

第二次唱比第一次的效果好了很多。班上一群人围过来想听，都逐一被你赶走了。有人说，情歌只能唱给喜欢的人听。在小A的微博上看见这句话后不用猜就知道，那个"有人"指代的就是你。可是我什么时候向你坦白过我喜欢你呢？

有些事情不用说就明了。比如你在微博上说的那些话，比如你新改的网名，比如你不教我叠玫瑰是因为你要叠给我。只是我有底线——我发过誓高中不交男朋友。交往在一起什么的是我不愿提及的话题。但我还是在纸上画着座位图，想着不久的将来你就可以坐在我的后桌，嘴角在偷偷上扬。

仿佛一切都没有变，我还是会张牙舞爪地叫你徒弟，我还会在下课去你那里找可以借鉴的作业；你还是会在教室溢满阳光的下午用镜子晃我的眼睛，你还是会叠一大把的纸飞机向我丢来……

只是那一个星期六，在QQ上聊着聊着瞬间就僵化了，一时间感觉无话可说。不知为什么我可以清晰地感觉到你的小情绪和不高兴。

第二天考试，坐在我左前方的你没有主动和我说一句话，完全忽视了我的存在，却和别人聊得笑得那么开心。这些都被我敏锐地觉察到了。你和我的关系迅速冷却降温，曾经熟悉的人变得很陌生很陌生。晚上放学铃声响起，你冲出教室没等我。我在教室里搜索着你的身影，当然，我找不到。

我迈着很慢很慢的步子下了楼，还在期盼着你会从后面追上来一起走。可是我一个人迈步出了校门口也没看到你出现，泪就这样在冷风中滑了下来。我努力抬头不让眼泪流出来，却听见旁边人幸福得很大声，仿佛在嘲笑我的无助。

为什么你不再理我？我做错了什么？我一直都把你当作很好很好的朋友看待，可是结果呢？

夜已深，隔壁房间爸爸已睡熟。我熄了灯坐在床上抱着被子听着歌流眼泪。耳旁女声熟悉地唱着："故事开始回不去了，最美的梦已走远了，你答应给我的快乐不再快乐，我怀念的我不见了，故事后来全都变了，你的承诺又给谁了，我曾经有的快乐已不再快乐，笑容不是甜的……"笑容不是甜的。

突然想起有天中午，我指着广告牌上"空中阁楼"的"阁"字，问你这个字念什么。你笑着说不认识。阳光明媚，落在雪地上，天空中飘荡着满满的都是我们的笑声。

只是笑声飘远了，你与我陌生了，就像纸飞机划过不回头了吧？

我想下面的这一周会是我这辈子最难忘的日子吧。其实静下来想想也没觉得有什么特别的，但是将回忆慢慢摊开，会觉得每一秒都很精彩。就像你说的，有些人说不出哪里好，可就是无可替代。

067

好像还没有哪个人会让我如此长时间地期盼坐到我后桌。当你把一切东西都在我后桌上安置好后，当然我要做的第一件事就是好好质问你昨天是吃了熊心豹子胆吗竟敢对姑奶奶我那么冷。你说有些事情不谈是个结，谈开了是个疤。在某些前提下我认为这句话还是有成立的可能的，但现在我要说这句话简直是谬论。纸条上才传了几句话，事情就谈开了，而且没有疤！昨天还在肆虐的眼泪和小委屈就这么轻易化为乌有。你从后面丢来纸飞机，里面有字。我打开，上面写着："我不会再让我喜欢的女生为我哭了。"心里一阵感动。

在我的再度请求下，你终于答应教我叠玫瑰花。这一叠不要紧，心里想着我真是越来越聪明了，在你教你徒弟们一个月却只有一人学会的恶劣环境下，我只花了一个中午的时间就通通搞定。抬眼一看，你那俩徒弟正瞄着我们捂着嘴八卦呢。唉，不管她们。只是，你再也不许我叫你徒弟了。那天晚上的"真好，你还是我徒弟啊"这句话也变成无稽之谈了吧？

　　顺着叠玫瑰花的思路，千纸鹤、心、小船、星星纷纷在手中绽开了花，真是把会叠的叠了个遍。我在撕好的星星纸上写了很多话，叠好了送给你。我说和你一起玩我很开心，我说你从来都不知道我隐身对你可见，我说145的星。你拿着星星不忍放下，却假装在猜145到底是什么意思。

　　翌日你就捧上满满一大盒子的玫瑰花，并仿照我的句式写了很多话。我的那句"145的星"——"你是我的星"也华丽变身成你笔下的字，你说，我是你的初恋，永远都是。这都21世纪了还能把初恋保存到现在，孩子你不容易啊。偏偏在思春的季节遇见我，你也够倒霉的了。

　　一周，这么轻易就让它过去了，再有十二天就期末了分班了不见了。时间很短很残忍，它把一切都偷走了，它把那些快乐都变成了回忆。我会很怀念你坐在我后座的日子，会很留恋你陪我走出校门的夜晚，谢谢你给了我那么多的好。不要难过，至少我现在还拥有着，至少以后的回忆还是快乐的。我想我还是幸福的，能够经历这样一段美好的时光。

　　那么现在坐在我后桌写着物理作业的你，还有十二天就要与我分别的你，望你一直安好。就像纸飞机过隙的那片晴空。

　　我以为接下来的十二天里会如从前般波澜不惊，我以为我们的故事逃不出日夜轮回的圈套，但是我却忽略了未来不可预知的道理，时光似乎又给了我许多值得纪念的新内容。

　　也许我的拖延政策真的让你失望了吧。还没到最终，你放弃了。我说："你追我，我很高兴，你不追了，有点儿落寞但也还开心，希望你也是。那个把初恋给我的倒霉孩子，谢谢你。"

　　前一秒还沉浸在解放了的欢乐之中，后一秒心里就溢满了苦涩。想哭，好像丢了些什么似的。我以为我可以愉快地面对，可事与愿违，我终究还是难过了。

午休，我捧着Mp3想温习一下那首《小情歌》，跟着原唱却一个音也唱不出来，脑海又放起了电影，上一次唱是在三十五天前。眼前的事物模糊了。

《听着情歌流眼泪》，你说这天中午你一直在听这首歌，可是这个歌名讲的不就是我中午的状态吗？从前不爱哭的倔强女孩儿现在是怎么了？

你看，明明说好不哭，可我还是忍不住。如果再有两年半的时间结果会不会不一样？

坐在桌前，我写："9月9日我说我想让自己变强大，你说强大的女生谁敢要啊。10月28日学累了，回头看见你埋头刻苦的样子，心里那个小人说着要向你学习，于是埋头继续。10月31日我在转篮球，你让我把眼镜摘下来，因为怕被砸到。11月26日中午在班，我唱起了《小情歌》给你听。12月17日你终于坐在我的后桌。12月21日我们安全度过世界末日，末日死了，我们还健在！12月26日你问我新文章里有没有你，我没作声，你不知道其实新文章里满满的都是你。12月31日你说你听我唱歌后才决定追我，现在再唱一遍吧，怎样开始就怎样结束……"

有时候会觉得我对你好比你追我还用力，我知是错觉。你不追的日子里，你依然，我照旧。

之后的时间我都犹豫在择文还是择理的矛盾里。半年前就决定学文并早已放弃听理科课的我突然想要学理，因为学文后就再没有机会留在这个班，我怕我后悔，我舍不得。你怀揣着同样不舍的心情却在安慰我，你说："不要为了别人改变自己的决定，任何人都不值得。"看见这句话我就没来由地哭了。好吧，听你的话，我乖乖去学文。

然后是这学期的最后一天，请让我暂且叫它"我专属一九的末日"。再然后是期末联考。最后放假了。

"1月8日一起吃晚饭。你送我十颗星。你说以后都要快乐，你说愿我能考上重点班，你说你会等两年半后那不一样的结果……你说

10=1+4+5。"我接着写道，"一个人在楼上，总会在睁开眼的那一刻，合上书的那一刻，放下笔的那一刻，站到镜子前扣好大衣纽扣的那一刻，Mp3自动播放下一曲的那一刻，偷偷想起你，心里不知道是什么滋味，记忆汹涌。可能，哦不，是一定，我想你了呢。"

我想我是喜欢你的，至少现在。只不过这份小心情还达不到爱情的高度，因为总有些东西是我们不敢触碰的，就比如我世界里的爱情，是我打不开的匣子。我想暂且把这些情愫放一放，如果时间允许，总会有你要的结果；如果注定会被时间遗忘在某个角落，我们也会微笑着面对的不是？

好腻啊！嘿嘿。其实，遇见是一件美妙的事，就像我遇见你。

我想把我们之间的每一字每一句都记录下来，只怕写成了流水账糟蹋了小博这一方宝地。我假传编辑姐姐的话，要你在脑袋里开个账户，把我要写没写以及要写已经写完的事存进去，然后定为死期，期限是永远。还有还有，我确定一定以及肯定我会记住你的，因为，因为你还欠我一首歌呢……

初　心

科学无解

穆天过生日那天，我送了他一条活蹦乱跳的鲤鱼。

送礼物的形式是包裹在报纸里扔到他的桌子上。略受惊吓的穆天捏着兰花指打开报纸，发现里面有条肥头油面的鲤鱼正和他大眼瞪小眼。相较我那些惨痛的经历，穆天这一遭遇简直不值一提。

还记得有天自习课上景安扔过来一个纸团，我回头的时候发现他趴在桌上一边对我挤眼睛，一边做手势对口型要我打开纸团。我将信将疑毫无戒备地打开纸团，里面"噗啦"飞出一只金龟子……现在我还拒绝回忆当时绝对丢人的画面，我就像刚打了一梭子子弹，受到强烈的后坐力一样向后蹿去，坐在后座的仁兄正在做一道惨无人道的几何体，刚戴着高倍眼镜茫然抬头，就看见书立上铺天盖地的书本向他砸来……惨烈，太惨烈了。

而这时，在穆天打开报纸之后，全班都围上来观赏鲤鱼美丽的花纹，作为同桌的我则站在一旁得意地抱着肩，高叫着"收费收费了啊"。正指手画脚间，这条装死的肥鱼突然一个打挺从桌子上蹿起，在女生的尖叫和男生的起哄声中完美落地，呈S形在地板上滑行，严重破坏了晨读纪律。

当然礼物奇葩的不只我一个，景安送了他一柄桃木剑，美其名曰"倚天屠龙剑"。听说景安自己也存着一把剑，叫"地煞孤星剑"。自从这次生日之后，一到晚自习的课间，穆天就不见了。后来才知道他和景安到教学楼后面的小花园废寝忘食地切磋剑技去了，怪不得有那么几个月小花园再也没了葱郁风景，反而全是残花败柳，触目惊心。

日子就这样吹着小风、唱着小歌、耍着小剑，不痛不痒地徐徐行着。我时常有这样的错觉，一辈子也就这样过下去了，我们坐在教室里，没什么精神地听着课，平日里照旧嬉笑怒骂，只在月考之前熬上几个通宵，为了犒劳自己，在月考结束的那个晚上一大群人跑出去K歌，把《考试什么的都去死吧》作为主打歌，快活地在沙发上打滚，一边举着话筒鬼叫。

似乎生活就是这样了。

嚎到一半被景安抢去话筒，在那边十分搞怪地唱《我没有钱，我不要脸》。

班长神色微醺地凑过来，凑在我耳边唠叨："听说景安情场失意啊！"

我下意识地扶住她，"啊？"

班长鼻子哼出冷气，"他活该，偏偏喜欢那种女的。那女的听说是景安小学和初中的同学，关系好得不得了，结果后来遇到一个富二代，就没商量地把景安给踢了。要不景安这几个月都不正常，天天跑到小花园去砍树，还拉上咱穆天，唉，唉。"

班长最后那两声深长的叹息让我嗅出一些深埋的情绪。班长唠叨完就推开我，一个人半仰在沙发上，直勾勾地盯着天花板，眼睛瞪得像铜铃一样。直到散场，班长才坐起来，炯炯有神地看着我，"林夏美，看着我的眼睛，我刚刚是不是跟你讲了一些事情？"

我挠挠头，"是，你抓着我一个劲儿地摇，然后问我你是不是喝醉了？"

班长凑近我，"没别的了？"

我举起食指中指，放在太阳穴，发誓："绝对没了。"

说谎话会遭报应，第二天跑操的时候，我就左脚踩右脚，"扑

"通"一声趴在地上。当时我抬起头，看见班里的跑操队伍越来越远，漫天尘土之中，班里许多男生一边跑一边回头吹口哨。我绝望地看着他们无情地跑远，听着后面班级逐渐跑近的声音，察觉到一丝绝望的气息。所谓丢脸，大概就是这么回事。

一瘸一拐回教室的时候，景安正眉飞色舞地向在前排跑步没有看见我摔倒全过程的同学讲述我那精美绝伦的旷世一摔："只听林夏美一声号叫，像野猪一样翻倒在地！两眼含泪地看着我们渐行渐远，单薄的身躯，消失在一双双跑鞋之中……"

我没好气地站在讲台上拿抹布扔他，"龙游浅滩遭虾戏，虎落平阳被犬欺，落坡凤凰不如鸡，哼，后会有期！"

正这时，一女生婀娜地敲了敲门，笑盈盈问我："同学，麻烦叫一下你们班景安好吗？"全班爆发出一阵狂笑，景安从课桌上跳下来，绕过我做着鬼脸跑到门外去，班长兼数学课代表正好抱着作业从门外进来，看了一眼那女生，看了一眼景安，又看了一眼我，一步踏上讲台，比我还没好气地把作业本往讲桌上一摔，"念到名字的去办公室，景安、林夏美……"

数学老师比班长还没好气地把作业本一摔，"说，谁抄谁的？别告诉我你俩默契，错都错一样的地方！"

本来呈忏悔状的景安扭头看了我一眼，怨怼道："你竟然做错了？！你那百分之百正确的商家信誉在哪里？我请求打差评！"

怒目的数学老师最喜欢景安，这下绷不住脸，"噗"一声笑出来，拿指骨敲着作业本，"你啊你啊，好好的脑袋不用，净干些瞎巴事，竞赛准备得怎样了？作业没时间做，和课代表说一声，不交就是了，啊。"

我哼哈一声，"他没时间做？他有的是时间坐在桌子上讲冷笑话……"

数学老师笑着摇摇头，"你们啊你们，都长这么大个儿了，怎么还跟小孩儿似的，天天斗嘴……"岂止斗嘴，他已经实施人身攻击了！

我不会忘记金龟子之耻的……

回教室的路上景安"喂"了一声，然后挠挠头，"最近班长怎么不大正常？怎么老对我怒目相望？"

我冷笑一声拂袖而去，"哼，风流债。"

那女生开始日复一日地找景安，班长的脾气也每况愈下，现在自习课都安安静静，没人敢去招惹火头上的班长。

我戳穆天，"你和景安不是关系最好？他和那女的究竟怎么回事？不是肥水不流外人田吗，景安怎么净出去拈花惹草？"

穆天哈哈一笑，"林夏美你往哪儿想呢，来找景安那女生你还不认识啊？她可是咱年级部公认的数学尖子，为了数学竞赛天天来找景安的。"我自觉羞愧地摸了摸脸，听见穆天继续说，"只不过这女的恰巧是景安的小学和初中同学，关系好一点儿罢了。"

……这里面，分明就是有巨大的阴谋好吗！

我威逼利诱："景安有没有提过这个女的？"穆天有点儿犹豫地看着我，我就知道有料！我诡笑着诱惑他："穆天，咱俩谁跟谁了啊，一头大肥鱼的交情啊！"

穆天只好低声说道："景安好像很喜欢这个女生，可人家女生似乎有点儿……可现在却来找景天……"

我怒道："那班长怎么办！"

穆天张大嘴瞪圆眼，"……关班长什么事？"

我咳嗽一声，幸好在这个节骨眼上，景安过来踹了穆天凳子腿一脚，"天儿，该去练剑了……"我冲穆天做了一个"多嘴者杀"的动作，他很配合地闭上嘴巴。

人生时常有变数，你期待它来改变这一团糟的生活时，它遥遥无期，而在你不经意地打着牙祭时，它却翩然而至，杀你个措手不及。

我们班两个数学竞赛的名额，一个是景安，另一个突然害了水痘，彻底回家静修。比赛将至，数学老师不舍得浪费这个名额，就把数学也不错的班长推了上去，她之前有跟着训练过一段时间，再做后期的冲刺训练也没什么问题。

穆天看着班长和景安一起被叫到办公室开小灶，问我："那天你突然提到班长，是怎么回事？"

我认真地回复他："班长她……是个心地善良的人。"

"所以？"

"心软的人，难免过得苦啊……别人的事永远也操心不完，班长这么体察民间疾苦，她的健康有什么保证，啊，有什么保证？！"

看着我义愤填膺，穆天已经成功被我脱离了话题，"啊，小林，你别激动，喝口水，下下火气，啊。"可他看了我一眼，"不过，人都是长眼的。"

"呃？"我愕然。

穆天笑笑，"你看出来的东西，当真以为别人看不出？"

"啥？"我仍旧是愕然。

"不知道该怎么办，所以保持沉默啊，班长的那份心情，明白的人，总会替她默默保管着吧。"穆天耸耸肩，支着下巴看看天。

就是有这么多心思坦荡、默默守护的人，那样一份初心，才会完好无损地保存到现在吧？谁又不是活在这样的守护里呢？穆天跑八百的时候扭了脚，第二天上学桌子上摆了整整齐齐一排药膏，除了跌打损伤舒活筋骨的竟然还有祛火降温牛黄解毒；景安午休打篮球被抓罚在走廊上示人思过，还要忍受着教导主任咆哮着的唾液攻击，女生们上厕所都特意绕个远道生怕景安觉得尴尬……有时候总会觉得莫名其妙的温暖，为着所有人的那颗初心，那颗最纯粹的初心。

年级部给各班班长下达执行文件，要第二天交报告，而班长恰好去补习数学，怕她放学直接回家，我就顺路跑去自习室给她送文件。

趴在后门往里头看的时候，正巧发现景安正和他那风口浪尖上的绯闻女生头对头讨论习题，还时不时哼笑一两声。我下意识地看班长，发现她正盯着黑板钻研，但当我在后门趴了五分钟之后，觉得她不是在钻研，是在发呆。

好容易等到下课，班长还是在位子上发呆，景安收拾好了书包，隔着桌子倾斜着身子探向班长，问了她句什么，班长冷淡地摇头。于是景安耸耸肩，对着绯闻女生挥了挥手，便一个人走出教室，朝着和我相反的方向走掉了。

教室人走得差不多了，我正准备进教室找班长，只听绯闻女生叫住班长："嗨，等一等。"

哎呀，交锋了。我连忙紧贴墙壁，隔着一道墙偷听。

"什么事？"班长冷淡道。

"嗯……我知道这样比较冒昧……可看见你和景安的关系紧张……我觉得我该说明一下……"这里有一个停顿，绯闻女生似乎想听听班长的意见，可班长沉默是金，女生只好继续开口，"也许这样说有点儿自大，但我还是要理清一下哈。你对景安……其实有那么一点儿……感觉吧……而你对我的敌意，我也感觉得出……之前你大概也听说我的一些事情，那，都是一些负面新闻。其实我想说，前段时间，景安的确喜欢我，以前我和景安都是好哥们儿的，他突然那个样子让我觉得很尴尬，因为很单纯的感觉突然没有了……所以故意避开景安。可后来又觉得很好笑，明明是很好的朋友，为什么为了这些奇怪的小事搞得什么都没了？现在我和景安很好，是很好的朋友。而我看到你那样冷淡的样子，就想起了以前的自己……其实我们放下戒心，都可以成为很好很好的人……很好的朋友。好，我的话说完了。拜拜。"

女生大步走出教室，看到贴在墙壁上的我，有些吃惊，旋即露出一个微笑，摆摆手，走远了。

这样看得开的女生真大气，还让人有些羡慕……

我在外面磨蹭了一会儿，觉得班长差不多看开了，才进去把文件交给她。班长拿手背揉了揉鼻子，笑了笑，"突然觉得以前好傻。本来觉得什么都不保了，最初的东西早晚有一天会消失殆尽。现在才知道，即使是换个形式，所有东西也还能留下来，只要自己不变就好了。"

"看样子你不准备敌视景安啦？"

班长一瞪眼，"谁说的？他数学作业胆敢抄你的？我要代表数学老师给他点儿颜色看看！"

　　班长这么多天来，头一次显得如此放松，不禁让人松了口气。是啦，只是换个形式而已，只要是初心在那里，一切都会好起来的。

　　啊，我的初心也还在呢，否则，也不会准备在下次生日的时候送穆天一套还珠格格的卡贴了吧！

一丈夏天那么长

蓝格子

身边的少年正偏着头看着外面的风景，背影清瘦。

我一直觉得盛一隽会成为一个很棒的人。当然当我拍拍他告诉他这句话时，他放下手头的笔看了我一眼，这一眼好像有一辈子那么长，我不禁低下头去，他又拿起笔在白纸上涂涂抹抹漫不经心地说了一句："那么你心目中很棒的定义是什么呢？"

很少有人问我这个问题，也很少有人在得到别人的夸奖后认真地研究，所以当我听到这句话时愣了一小下，随即认真地回答他说："嗯。就是很棒啊！就像一只吃骨头会快乐即使被别人认为没有抱负的狗。"我不知道盛一隽是否能理解我这种前言不搭后语抽象的形容。但我确实看见他笑了。

"你也挺有趣的。"然后骨节分明的手递过来一张画，是我跟他说话时的侧脸。画面上的女子眼中闪着光，美好得有些不真实，也有些不像我。

"这是你眼中的我？"还没待我说出这句话，他又继续低头忙于画作。

嗯，盛一隽一定会成为一个很棒的人，我相信。可是我忘了问他，有没有在我的眼中看见光芒四射的他。

盛一隽是我的同桌，我们远离众人隐居在教室里的角落里。不过，我和他并不是被人排斥后的惺惺相惜也没有遵循所谓的差生定律，只是缘于我很喜欢的班主任所倡导的自由政策。

自由发展自由学习，当然也包括了自由选择座位，而对于盛一隽这种有着高雅情操热爱绘画追求安静的少年，最后一位自然是最好的选择。至于我，我也有一个梦想，叫作审美追求，通俗一点儿来说就是，看帅哥。

班里的罢课闹得风风火火。

已经是高三末期还有十几天就要踏上传说中的高考战场，浮躁的气氛却扑面而来，不少人打着复习时间不够的名号要求回家自习，乐此不疲地跑向办公室。我估算了一下，那些人三年里进办公室的次数恐怕都没有这次多。当然，随着抗议人数比例的增多，我惊讶地发现班主任的脸上多了几丝皱纹，不时叹着气。不知是在为他提过的不懂事的女儿还是让他放心不下的我们。

我看着前方正闹腾着联名上书的同学，过于激动使面部都变了形。

“你说这些人当中有多少人会真正离开？”

我用手肘碰了碰正在画画的盛一隽，等我反应过来时已经来不及了，艺术家应该都是不希望别人打扰的，我觉得。

可幸好盛一隽并没有察觉到有任何不当，放下手头的东西偏过身子。我很喜欢他这个小动作，不似别人的不在意。他很认真同你说话，至少让你觉得他很认真。

“你知道革命吗？总是需要一些人喊口号的，至于究竟做没做那些人是不在意的。”

对于盛一隽的这个比喻我不禁想在心里默默给他点赞。

“林暮暮、盛一隽，你们呢？要不要签名？”正当我想搭话时便看见同学拿着纸边说话边走来，红彤彤的一片，我好奇他们是不是写了血书。

"我们都不签。"盛一隽摆了摆手。同学投来疑惑的眼神时我连忙点了点头表示赞同他的说法。我们，真是个美好的集体名词啊。

下午放学我慢悠悠地收拾着书包却看见班主任在门口的身影。

"老师好。"

"嗯。"

"老师你是不是不开心？"

他叹了一口气，拿出一根烟点燃，丝毫不顾在面前的我。

"林暮暮，你还记得刚开学我和你说过的话吗？"

刚刚开学，我内向而自闭，凭着突如其来的好运来到这个精英荟萃的班级，不适应和糟糕的成绩如乌云般笼罩着我。我不说话也不与人交流，偶尔回应别人的工具仅是一个苍白无力的笑容，而就是面前正在抽烟的他在我经历过一次次考试的打击后将我喊到了办公室，我不是没有经历过这样的时刻，于是做好了挨批的准备。

而班主任仅是拿出红枣对我晃了晃，伸手递过来说了句："林暮暮，我希望你开心一点儿，真的，我每天看见你都觉得你不快乐。"

嗯，快乐。一个老师对于一个学生的第一要求便是快乐。

真好。

他手里的烟快要尽了，而夜幕也将到来了。我挥着手跟他道别，在拐弯处突然朝他喊了一句："老师，我希望你现在也快乐一点儿。"

我好像听见他还在干咳。

我好像听见他笑了。

以各种理由作为借口的人们还是来到了学校，舌头是软的，而话也是人说出来的。我不是不懂这些道理，可是看着安静看书的他们不觉有些可笑。

自以为的轰轰烈烈也不过化为一摊尘土。

前方的女生年又又正在演算数学题，一笔一画，连红笔汁浸到了衣服上也丝毫没有察觉。江寒正在戴着耳机练习听力，字正腔圆也不知重复了多少遍。盛一隽依旧在白纸上勾勾画画，但旁边鲜红的成绩单依旧可以见证他的优秀，他每日惺忪的睡眼和浓重的眼袋，都可以清晰地看见他为了梦想同现实争斗的历程。

这些人都是有光的，不同于那些将梦想挂在嘴边偶尔拿出来做个挡箭牌的庸俗的人，他们是真的已经在这条路上。

那我呢？我不觉有些悲哀。

"盛一隽，你说我是不是个很差的人啊？"

"我觉得你很好。"他低着头看不见表情。

我喜欢的人在距离高考还有七天的时候跟我说了一句"我觉得你很好"。

一只只想吃骨头的狗没有得到她已经习惯的冷嘲热讽，因为她遇见了另外一只只想喝汤的坚持的狗。

你说他们是不是很好？

6月7日，6月8日。

传闻中上刀山下火海的两天突然就这么过去了，我甚至不清楚自己是否填涂完毕是否真的没有错误是否真的经历过这场考试。

结束时有人将笔袋抛向高空，有人猛地折断手中的工具，也有人在相拥哭泣。我跑回家将所有的书丢在地上，坐在其中一言不发，墙上贴着的画像还是明媚如初。

再次见到盛一隽已经是高考之后的毕业聚会。他一身休闲装坐在嘈杂的KTV中，气质与这里格格不入。

我不知道该怎样和他开口，是询问一句考得怎么样还是简单地来一句好久不见，可还没等我想好措辞他便招呼我过去。

"我估分的结果还可以，我应该会去一个美术专业学校，虽然我不是艺术生但我可以努力的。"好像洞察了我要说什么，他开口说道。

"也好。"也好，什么都好，只要这些是你想走的路，即使我知道以后身边再没有你陪伴。

　　"梦想的现场每个人头上都有光环，天上所有的星为我们加冕，敢仰望的人眼中自有光芒……"盛一隽突然凑过来在我耳边唱起歌，清晰的音节灌入耳中。

　　"你还记得我问过你有关很棒的含义吗？"

　　"嗯。"

　　"你知不知道很棒就是喜欢的意思？"

　　"我知道。"

能遇见你是我这辈子最幸运的事

东　颖

记得第一次看见你的时候把我吓坏了。那时你十五岁，穿着一身脏兮兮的衣服站在门口，拘谨而又害羞地冲我露出微笑。可我没笑，反而被你右脸上那道丑陋的伤疤吓得哇哇大哭起来。

在我十岁以前我从来没想过自己还有一个同母异父的哥哥。妈妈在和爸爸结婚之前曾有过一段不堪回首的婚姻，而你则是那段婚姻的结晶。听妈妈说你的爸爸是个赌鬼，脾气不好，喝醉酒常常打人，你那道伤疤便是他用水果刀划出来的。你的爸爸因为缺钱竟然和几个朋友去贩毒，被抓后判了无期，这辈子是出不来了。于是妈妈把你接过来，她说要好好待你，你以前受过太多苦了。

但是我一点儿也不喜欢你，自从你来了家里后我再也不敢让同学到家里玩，我害怕你会吓跑他们，害怕他们从此不再跟我做朋友。

你去上学，但不到一周便回到家对妈妈说你不想再读书。妈妈那时觉得亏欠你太多，你说什么她都答应。于是你辍学在家，买来许多小盆栽在家里捣弄，我看不惯你，但嘴上又不能明说，便偷偷地弄坏你的小盆栽，用剪刀把它们剪得乱七八糟。你发现后很伤心，但是没说一句话。

后来你把盆栽默默地搬进了自己的卧室，可是没有阳光照射的它们很快就枯萎死掉了。看着你用垃圾袋打包盆栽的样子，不知道为什么我有点儿内疚。

可能是为了让自己的内疚少一些，那天放学回家的时候我特意在路边的小店买了一个提拉米苏蛋糕给你。

你拿到蛋糕脸上开心的神情我到现在都还清楚地记得，就像是个初次得到自己心爱的玩具或是被妈妈表扬了一番的小孩儿，即使是在那道伤疤下你的笑容看上去也那么温暖好看。

"我从来没有吃过这个。"你说。拿着勺子小心翼翼地挖了一点儿喂进嘴里，然后脸上露出幸福的神情。

只是一个提拉米苏就让你感到这么快乐，我突然觉得自己简直就是坏人。

那一整个学期，我偷偷省下妈妈给我的零花钱，在新年的时候买了几盆漂亮的盆栽送你。

你可能猜到钱是怎么来的，脸上显出不开心的神色，然后冷冰冰地说，下次不要再买东西给你。

当时我很生气，觉得自己一片好心你却不领情，赌气地把所有盆栽砸到地上，泥土随着碎裂的花盆散落在地，我转过身瞥到你蹲下身拾捡碎片的样子，小心翼翼，就像在维持我们之间如履薄冰的关系。

我还记得那天放学回家的路上突然钻出几个小流氓，他们骑着单车围着我转，我大声喊着让他们离我远点儿，可是他们笑得更加猖狂起来。这时你不知道从哪里冲出来，一只手拿着一根木棍，一只手把我护在身后。

"哪里跑出来的丑八怪！"混混们嚷嚷着，"想英雄救美，就你这个样子还差得远呢！"

你明知自己不是他们的对手，却还是不顾一切地冲过去跟他们扭打起来，若不是有路过的大人过来制止，你的脑袋一定会被那个拿着砖头的小流氓打开了花。

而我却只会站在一旁，没头没脑地大哭。你走过来，伸出手想安慰我，却发现手上脏兮兮的，便手足无措地挠了挠头，"别哭了，妮妮。小流氓们都被我打跑了！"

　　我抬起眼睛看了看你，你脸上青一块紫一块的活像花了油彩的小丑，为了逗我笑，你在街边买了一串糖葫芦给我："吃串糖葫芦什么事都会好起来的。"

　　这是我十三岁时听过的最美的童话，吃串糖葫芦什么都会好起来。

　　你很听妈妈的话，是个孝顺的儿子。在家里帮着妈妈做家务，出门买菜你总是提着所有的菜。可是爸爸对你仍是不冷不热，毕竟家里突然多出个十几岁却与他无任何血缘关系的儿子任谁也没那么快接受。

　　你也喊我的爸爸叫爸爸。你知道他有喝茶的习惯，便在他每天回家之前泡上一杯金骏眉，等他进屋坐到沙发上，茶的温度正好可以入口。

　　我初中毕业那年爸爸准备带我们一家去北方滑雪，不过，是我们一家。他那时并不觉得你是我们的一份子，只把你当成一个在此借宿的亲戚或者朋友。但是碍于妈妈的面他又不好说什么，可是敏感的你又怎会猜不到爸爸的心思，于是在我们准备出发的前几天，你告诉大家不跟着我们去北方了，你说你只想待在家里，正好你买了会计的书籍回来，说要好好学习准备考试。

　　我们在北方玩得很开心，我在礼品店里挑选着想带回送给同学的纪念品。我看到一个盆栽的钥匙挂链，心想着要买下送给你。这时爸爸走过来，手里拿着一个变形金刚的模型踌躇着问我："你说郑晨会喜欢这个吗？"

　　看他的表情就知道他心里已经后悔没带你来，对把你一个人留在家里感到愧疚。

　　"我想他会喜欢这个。"说着我笑着挥了挥手上的钥匙挂链。

爸爸倒在公司办公室的事情让我们全家都陷入了担忧和恐惧中。肝硬化，晚期。听到这两个词的时候妈妈差点儿晕倒。

"那还有救吗？"妈妈问。

"唯一的办法是做肝脏移植手术。"

我们三个都去做了检查，发现只有你的肝适合移植，这是多么奇怪的事情。作为亲生女儿的我却与父亲的肝不相匹配。我想这也许是种缘分，从一开始就注定我们是一生的羁绊。

你听了医生的话，看得出你很犹豫，但最终却笃定地点了点头："我愿意把肝移植给爸爸。"

你和爸爸被推进手术室之前你把那个有盆栽的钥匙链给了我，你说要我帮你好好保管着。你说的时候脸上露出一种释然的表情。

我守在你的病床边，妈妈在重症监护室里陪着爸爸。

你睁开眼睛看到我，露出惊讶的神情，说："原来天使和妮妮长得一样。"

我笑，说："你在胡言乱语什么呢。"

后来我才知道你以为肝移植手术是要将整个肝都移植给爸爸，你以为你会死，你以为睁开眼看到的会是天堂。

我一时哽咽了，不知道该说些什么才好。

亲爱的哥哥，你怎么那么傻呢！

你二十岁那天对妈妈说你准备离开家出去打工，你感谢妈妈这么多年来的照顾，可是你长大了，也该有自己的生活。

你离开的那天我和妈妈去火车站送你，你的行李简单到简陋，妈妈强塞给你的钱也被你偷偷放回了抽屉。

你说："妮妮，等哥哥赚了钱你想要什么我都给你买。"

我看着你，突然鼻子一酸，眼泪就"啪嗒啪嗒"地落了下来。

每次见我哭你都会特别无措，你伸出手摸了摸我的头发笑道："妮妮都十五岁了，也算是个小大人了，别再老是哭鼻子。"

你并不常回家，但却常常从遥远的地方寄钱回来。妈妈一再说家里不需要钱，叮嘱你把钱都拿去买好吃的补补身体，但你从来没听过她的话。

　　后来高考结束填志愿的时候我执意填了你所在城市的大学，去了那里才知道你在一家高档住宅的小区当保安，每个月不过两千块钱的薪水，可是你寄给家里的钱却足足有一千五！

　　我说："五百块钱你怎么够用？"

　　你笑嘻嘻地抓抓头说："保安的制服都是公司给发的，包吃包住，根本就不需要花钱。那五百块我也没有全都用完，一直存着想回家给你买礼物呢。"

　　为了庆祝我考上大学，你平时连水果也不舍得买却要请我去吃昂贵的日式料理。"以前经常看你买日本的漫画书看，我猜你应该会喜欢日本料理。"说着你不好意思地又挠了挠头说，"不过我还是第一次来这里，感觉有点儿不自在。"

　　我该说你什么好呢，你真的是这个世界上最傻最笨的白痴。

087

　　你终于在自己二十八岁那年考取了会计资格证书，你不聪明，花了十多年的时间才得以通过，你很开心，你说你要带我去一个地方。

　　当我站在监狱大门前不解地看向你时，你说你的父亲就关在里面。

　　你已是熟门熟路，看得出这些年你经常来探望他。隔着厚厚的玻璃窗，他已是头发花白的老人，瘦削，憔悴，完全看不出他会是当年那个拿着水果刀划伤你右脸的凶狠男人。你拿着会计证书给他看，说你终于考到了，以后也可以在那些高高的写字楼里上班了。

　　玻璃窗里的男人哭了，我不知道他的泪水是为你感到高兴还是悔恨当年对你的所作所为。你终于想起还有我的存在，于是赶忙把我介绍给他认识，你说，这是妹妹林妮。

　　他有些不好意思地冲我笑笑，我笑着喊了他一声"叔叔"，他立刻开心地笑起来。

那时我终于明白时间是个多么奇怪的东西。世上的任何一件事任何一个人都不会是永恒不变的，我们曾经讨厌或喜欢过的人，曾经狠狠恨过或爱过的东西，也许在五年、十年后就会变得完全不一样。

时间是改变一切的始作俑者，却也是治愈伤痛的良药。

时间让我们遗忘生命里最不堪回首的一部分，带着最美好的那部分重新呈现在我们面前。

今天你终于结婚了，对象是你的同事，一个爱笑的姑娘。她并不嫌弃你脸上的疤，她说能遇见你是她这辈子最走运的事。

你换好礼服，对着镜子显得局促不安，你问我，你脸上的伤疤会吓着人吗？

这是这么多年你第一次开始担心起那道疤，因为爱情。

我笑着拍了拍你的肩说，怎么会，我哥哥最帅了。

这是你人生最重要的时刻，对我来说也是。从此将有另一个女人同我们一起分享你的爱护和关心，但我一点儿也不介意，或许你还不知道，我和你的新娘在私下已经成为了要好的朋友。她总是向我探听你以前做过的傻事。说起你做过的傻事，那还真是数也数不清呢，够我和她讲上好几天了。

终于你和新娘在大家的祝福下交换了戒指，你掀起她的面纱，轻轻地亲吻了她。

席间你向参加婚礼的人介绍我说，我是你的妹妹，林妮。

大家都好奇地问，你姓郑，我姓林，怎么会是兄妹呢？

我们互相看了一眼，相视而笑。

其实我忘了对你说，亲爱的哥哥，能遇见你也是我这辈子最幸运的事。

我的最温暖

　　你们都曾经问过我，我和你们生气的时候，是怎么调整心情才学会不埋怨你们的斥责。其实我的记忆就如同一盘录影带——老爹在雨中撑着伞等我放学的身影，老妈在医院里为我的健康奔波的脚步，在我的学习成绩下滑时你们努力克制不让我察觉的失望和鼓励我的言语，在我生病时你们焦急的眼神和无微不至的照顾……

下一季离别

凌 洛

最后一个下课铃打响，我急匆匆地冲出教室，只为寻找那抹等候的身影。

"爹！"

"哎呀，我的大姑娘，可算放学了。"

见到我，爸的眉毛、鼻子都笑了，直接来抢我的书包。而我，跳着闹着，就是不给。妈说："你们爷俩儿在一起，没大没小的。"然后她就笑，笑着笑着就哭了。我知道，这是我最后一次在爸爸跟前撒娇了。

二年级，我拿到了地区联考的第一名，可以去省城念书，我没去。

四年级，我拿到了吉林地区演讲比赛第二名，可以去北京参加决赛，我没去。

"原因很简单，"我对小沫说，"我家银行卡里就三百二十八块钱了，你让我拿什么去。"

是，那时候，我家很穷，空抱着农村户口本，却没有一般农民赖以生存的土地。但父母让我念了镇里最好的小学，吃穿用住从没委屈过我。

当然，所谓的不委屈，只不过是不会挨饿受冻而已。

或许真的应了"穷人家的孩子早当家"那句土得掉渣的话，从幼儿园到小学，我在我们那个偏远山区优秀得不是一般人比得起的。当我以大队长的身份站上主席台的那一刻，我看到爸的眉头就像我家那条褪色的抹布，纠结得那叫一个可以。回家的路上，爸说："我不能再耽误姑娘的未来了。"

彼时，出国之潮刚刚涌起，前景难料。

于是，在我九岁生日的前一天，爸收拾行囊，登上了飞往韩国的班机。我不知道一向要强的爸妈将身段放到多低，受了多少冷嘲热讽，才让一个穷得响叮当的家庭硬是凑足了十多万元，交上了出国务工的手续费。听人说，海外务工人员过的是非人的生活，生老病死听天由命，一旦离世，雇主把尸体往海里一抛，喂鱼虾去了！我记得妈吓得哭了，可你只是坚定地说："我不能断送了我姑娘的未来。"

为了我，你什么都肯做。哪怕吉凶未定，哪怕会断送性命，你都毅然决然。无悔，亦无怨。

可是，爸，如果你知道这一去就是六年，你会错过你宝贝姑娘最重要的成长时光，你会失去你最最爱惜的右手，你还会去吗？

我知道，你会的。当你找到在网吧沉迷聊天的我，气得浑身打战却没打我一下的那一刻，我就知道，我的父亲，终究是在用命疼着他的女儿。即使这个女孩儿已经失去了曾经的光环。叛逆、逃课、上网、打仗，甚至堕落，你都不舍得动她一下，因为你相信，你的女儿，很懂事。

爸，你知道吗，正是你的这份信任，拯救了处在十字路口的我。初中结束，我以免试生的身份迈进了本地最好的高中，所有人都在惊叹我人生的大起大落，可是，爸，这之中的缘由，只有你清楚，不是吗？

其实，你不知道的是，那一年，我还进入了早恋的行列。可我跟他说分手的时候，竟是那样的淡然，用小沫的话讲是很欠扁。因为我说："对不起，尽管世界上最爱我的男人已经娶了我妈，可是我的心依然在他身上。"他张了张嘴，终究无话可说。

爸，你看，六年过去了，当年那些轰轰烈烈的事迹，我到现在还记得。你会不会说我贼心不死妄图死灰复燃啊！哈哈，我知道你不会的，因为你始终相信，你的女儿，很懂事。

其实，爸，我记得的，只是在所有人都对我失望透顶时，你依然不变的、无私的爱而已。

是夜，凉如水。我捧着《中学生博览》看了一本又一本，只为等到后半夜两点，我知道，那个时间，是你会去楼下坐车离开的时间。尽管你和妈妈都不让我送，一定要我早些睡，可是爸，你已经缺席我的生活六年了，如今你又要离开，你叫我怎么睡得安稳？有小博陪我，有我对你深深的爱陪我，我知道，我一定等得到的。

于是，就有了某女很丢人的一幕。凌晨两点，全世界静得听不到一点儿声音，我看着你忙着收拾东西的背影，眼泪止不住地淌。我知道这个时候不能哭，而该大大咧咧地跟你说："老王，珍重啊！"可是，爸，我做不到，我只能顶着二百多度的大近视和足以哭倒长城的眼泪，傻傻地看着你离开，甚至连声"再见"都说不出来。我看不清你是不是哭了。但从你的慌张来看，你该是掉了几滴珍珠的。谁说伤心的时候可以装作坚强笑笑就好？姐自从爹走后就没哭过，不还是华丽丽地洒了几滴猫泪吗？真到伤心处，你给我忍一个试试！

爸，过两年女儿就考大学了呢，你说该去哪儿好呢？我说我想去北京，因为那里有故宫，能大大地满足我的古装情结。可是，爸，你知道吗，我只是想带你去北京，因为你说你想去看地坛是不是真的像史铁生写的那样寂静。原谅我真是为了爸妈而学习，我的人生，只为爸妈而活。

爸，你所在的韩国，落雨了吗？

说一声感谢

罗　菁

庆幸，一路上你都在。

回首那条叫"曾经"的路，是那么长，那么远……

年少的父亲因为一场意外，失去了和正常人一样走路的权利。因为异于常人，他的脾气总是很暴躁。小时候，因为淘气我没少挨过他的打，在年幼的我的眼里，他就是一个暴君。

我念小学的时候，他很"独裁"，从来不肯让我的朋友到家里来玩。同学聚会、同学生日，他要是不许我去，那我就一定不能去。快毕业的那段时间，他买了许多练习册给我写，写不完就不能出门……那样的他很让我讨厌，但因为惮惧他，从来都没有违背过他的意思。

之后，我便如他所愿，考上了一所本市的重点中学。那时虽还年少，但心里的叛逆却是与日俱增。初二那年，一次月考，我的成绩下降了许多。开完家长会回家的路上，他一直都没有说话。到家后，他说了几句难听的话。我十几年来对他的不满终于爆发了。我们俩像两只被激怒的狮子，谁也不让谁。最后，我摔门而去，留下他在那里目瞪口呆。他肯定在想：昔日乖巧的女儿怎么会变成这样？摔门而去的我到了朋友家，一直到很晚才回来。

到家后，本想径直走回卧室的，却不想被父亲拦了下来，他轻轻说了声"对不起"，尽管很小声，但我还是能听到。然后他回房间，身后的餐桌上摆着一碗热气腾腾的面……我一晚上在床上辗转反侧……

自从那次吵架后，我发现他变了，至少和我说话不再用命令的口吻。他老得很快，差不多两个月就得染一次头发。我还记得有一次，我在帮他收拾房间时，不小心看到了他在工作日志本上写的话，那句话，我一辈子都忘不了。他写的是："女儿，抱歉，爸爸没用，不能给你最好的。可是请你相信，爸爸会尽力给你最好的。"我立在那里，泪流满面……

中考我是彻彻底底失败了，父亲一句责怪的话都没说过。他到处托人找关系，想让我去一个较好的高中，却偏偏没有学校肯要我。开学前几天，他拿了一所职专的入学通知书给我。他说："爸……没用，下学期爸再帮你想办法……"

去学校报到那天，他帮我拿着沉重的行李，一步一步爬到我宿舍，要知道那可是六楼，对于腿残疾的他来说是多么艰难。九月的天还有炎夏的味道，汗湿了父亲的衬衣，泪水却湿了我的脸庞……

现在父亲兑现了他的承诺，我转学了。

他会把所有的苦都往自己的肚子里吞，把最好的留给我。他不懂如何关心女儿，但我知道他是爱我的。

谢谢您！我最亲爱的爸爸！

我的最温暖

梦小宇

1

周六的《快乐大本营》是李民浩的专场。他在歌曲的最后将黑色口罩抛向场下，我嫉妒地说："谁这么幸运捡到那个口罩。"你坐在身边，幽幽地开口："小心他有口臭。"我狠狠地白了你一眼，你却依旧目视前方地说："左看右看他都没有我帅嘛。"

你看，你就是一个这么自恋的家伙。

我不屑一顾地想，小心这句话被李民浩强大的粉丝团听到，把你踩成肉泥，转过头再看到你时，却发现你偷偷地解决掉了我刚买的一袋薯条。你看到我燃火的眼神后傻兮兮地笑着说："明天再买给你，不要这么小气嘛。"

老爹，和自己的闺女抢零食，您老不害臊吗？

2

那天我刚进家门，脚刚在垫子上站稳还没来得及脱鞋，你便闻声从厨房里奔出来，抱着我就猛亲了几下。我被你莫名其妙地"偷袭"了之后晕乎乎地还没开口，你就眉开眼笑地说："闺女，两个超大的好消息——我的职称通过了；咱家被拖延了四年的新楼完工了。"说完又猛亲了我几下，高兴得都快蹦上天了。

虽然打扰了你的好心情我很抱歉，但是我还是不得不提醒你："我闻到煳味了。"你愣了一下，然后立刻跑回厨房。

前些天，我跟你去我们的新窝观摩。已经装修得差不多的新房敞亮并且温暖。你兴奋地在新窝里到处转悠，一边不停地念叨："新楼就是宽敞啊，终于要住新楼了。"

我说："我可不可以添一张带床头柜的新床。"

你说："行。"

我说："我可不可以添一个书架和书桌一体的书柜。"

你说："没问题。"

我说："我可不可以自己设计我的房间。"

你说："小意思。"

老妈，那一天你格外大方，你发现没?

3

你们都曾经问过我，我和你们生气的时候，是怎么调整心情才学会不埋怨你们的斥责。其实我的记忆就如同一盘录影带——老爹在雨中撑着伞等我放学的身影，老妈在医院里为我的健康奔波的脚步，在我的学习成绩下滑时你们努力克制不让我察觉的失望和鼓励我的言语，在我生病时你们焦急的眼神和无微不至的照顾……

两年前，我稚嫩的字迹还历历在目。我说，下辈子换我守护你们。而现在，我已踏上十七周岁的列车，变成可以陪你们欢笑落泪走过岁月沧桑的少年。

第一次写的文字，不是送给你们两个大活宝的。第一次挣的稿费，没有给老爹老妈买点儿好吃的。

这一次，我想认认真真地谱一曲歌谣送你们——

你们就是我的最温暖，我会努力让我的未来更加圆满，我会努力让你们的以后不会孤单，许你们白发苍苍的那些岁月永远与幸福相伴。

你是我的沧海桑田

目光倾城

1

当我拖着硕大的行李箱要离开的时候，妈妈对我说："到了那边多照顾自己，都念初中了。还有，你爸在那边，要听他的话。"

我没有回答她。因为，爸离我太遥远了。

报到那天，我在站台上张望。你一下子就认出了我，高兴得像个孩子似的，大喊："嘿，在这儿呢！"说完便向我招手。你跑了过来，一把接过我的行李箱，"几年不见，都长这么大了！"

我看了看眼前这个熟悉又陌生的老男人，回想起从前的你。那总是不苟言笑的样子。现在居然将笑的皱纹全部都烙在了脸上，脊背也不再笔直了。心里酸酸的，但我还是难以叫出那一声"爸"。

因为我恨你吧？

一路上我们一句话都没有说。到了学校，我第一眼看见的就是门口的那棵大木棉花树，很漂亮，熙熙攘攘的密叶和花朵在微弱的阳光下形成好看的剪影。走到那里，我突然说："我自己去好了。"说完，接过行李就走了。

"非要对我这么冷漠吗？我是你爸！"你叫住我。

我头也没回：“你不是。”便继续往前走，秋天的强风使泪水在肌肤上裂开了口子，生疼。

转角处，我的脚再也走不动了，躲在墙后面，悄悄扭过头。我看见你依然在那棵木棉花树下，眼泪顺着皱纹留下来，手死死地抓住树干。

2

前几年，也是深秋。我追着你到巷子口。一只手拖着你的行李箱，一只手牢牢地拽着你的裤脚，大声哭喊：“爸爸，你不要走。不要扔下我和妈妈……求求你，不要走。我一定会听你的话，好好吃饭，好好睡觉。求求你……”

我像发疯一样大哭，浑然不管后面狠狠拽着我的妈妈。

你只是对我满是怜爱地说了一句“一定听妈妈的话”，便一把推开我，拉上车门，走了。

我追着你跑啊跑，摔倒了爬起来，再跑……但我终究还是眼看着你的车子一点儿一点儿地远离我的视线。我又摔倒了，却没有再爬起来，只是坐在马路边上哭，哭到天黑。汹涌流出的泪水好像冲破了遥远的地平线。

我曾经的呐喊，你没有听见吧？对你冷漠，只是为了证明，我不是个没人疼的孩子。我长大了。

长大就是不再盲目去爱。长大就是学会把目光从遥远的天际收回，投向踏实的地面。

3

有时候早上晨练，会看见你穿个运动服在校门口的木棉花树下转悠。斑驳的树荫下，有稀疏的光斑，还有木棉花簌簌地落下。

我不耐烦地走过去。你笑着对我说："真巧，我也锻炼，多锻炼对身体好。"然后把手中的早饭硬塞给我，"多买了一份。"说完就跑。

有时候周末，会看见你站在木棉花树下等我。我走过去，你把大包小包吃的用的全部扔给我，漫不经心地说："这是你妈叫我带给你的。"

有时候回到寝室，会看见叠好的整整齐齐的被子和洗好的刚晒出去的衣服，以及我所缺的参考书。室友走进来对我说："刚刚还看见你爸在这儿，你爸可真好。"我当时真的没有喜悦，只有心酸。

4

你去出差了。

我的心好像掏空了一般。没有了早上的那顿早饭，没有了每周的零食，没有了干净的衣服和整齐的床铺，更没有了你的小温暖。

妈妈寄来了一大堆东西，并在电话里交代这是一堆你以前寄回来的东西，让我务必转交给你。

我把那堆东西打开，是一大摞书本，最显眼的是放在最底下的软皮抄。我翻开来看，里面记载的居然全是我。

比如我摔跤、做错事情被妈妈骂，比如考试得了一百分、比赛得了第一名……当我看到最后一篇日记的时候，喉咙哽咽，眼泪不听话地开始往外跑——

今天刚到这座小城，很好。一天就是一百五十元。不仅可以凑齐女儿的学费，还可以给老婆治病。

不知道女儿在那边好不好。今天离开的时候，她拖住我，眼神里满是乞求、害怕、无助。当时我哭了，我怕我会舍不得，我怕我会可怜自己，我怕……狠了狠心，把车门拉了起来。

后视镜里的女儿一边追着车子跑，一边喊"爸爸，等等我"，直到不见了。

女儿，你要乖乖的、好好的，你要好好吃饭，好好睡觉。

记得，爸爸永远爱你……

5

春天到了，木棉花又开了吗？

爸爸，我只想对你说：我不是矫情的孩子，那木棉花树下的爱，一直感动着我。爸，你要知道，我从来都舍不得忘记你，我也一直都在爱着你。

101

有明天真好

苜浅眠

1

昨晚我又梦见爸爸了。

地点仍旧是在家里。我站在厨房边看着爸爸的背影，窗外飘起了若有若无的雪。

应该是第一次，接二连三地梦见同一个人。虽然不是连续的，中间隔着两三天的时差。但是，在想念越发浓郁的每一天里，间隔的几十个小时也不过是撒入水中的细盐，转瞬即化。

生活，还是简单一点儿比较好。

所以每天从早晨起来到晚上睡觉的这段时间，除了吃饭，都在简单地看一本很厚的书，简单地和周围的人聊些有的没的，简单地上网看微博逛淘宝……时针单纯地转过一圈，以表盘为半径的圆周距离，拉不长也缩不短。只有日历上一格跳向一格的数字才暗暗地提醒着：时间一直在跑，无声无息，如我那些被推测因为营养不良而掉落的头发一般。

我问妈妈："爸爸会不会在冬天的时候就回来了？"

"谁知道呢。"妈妈淡淡地说了一句，继续做着手里的家务，低着头没有看我。

2

和R约好一起去庙里祈福。前一晚因为不放心于是发了很多条拜托她不要迟到的信息。

"明天早上9点，不要忘了，尽量不要迟到。"

"你确定你可以准时到吧？"

"今晚早点儿睡，明早好早点起来画眉毛。拜托一定不要迟到哦。"

"如果可以早到最好啦，不要迟到就可以了。拜托啦。"

……

第二天R真的没有迟到。

我们一座庙一座庙地走过去，遇到合适的菩萨就跪在黄色的软垫上，双手合十，心里默默地念着想要说的话，然后弯下腰去拜几下。身旁体态瘦弱的老奶奶，弯腰下去的时候，整个人都趴到了软垫上，是磕头的姿势。嘴里不停地念叨着："求菩萨保佑，求菩萨保佑……"

我一直不是一个信教的人，只有在遇到令自己担心的事情时，才会想到上帝。往往都是在比较重要的考试期间，跪在房间的地板上，对着窗户的方向，用脖子上长年佩戴的玉来代替十字架，握在手心里，祈求上帝保佑考试顺利。

后来有人告诉我，信佛可以保佑家人，我当了真。所以我来到这里为爸爸祈福，我需要佛祖的庇护。

3

"我妈说过几天要去买车，家里没什么钱了，暑假一个月就给我一千来块，都穷死了。"

"等会陪我去买几件衣服吧，我妈说看见喜欢的直接刷卡就行了。"

"挤什么公交车啊，打的回去算啦。"

……

"哎？"我抬起来，迎着她们看向我的目光，说，"不了，我走回去就好，当减肥。"

对于爸爸什么时候回来这件事，我好像有些急不可待了。

前段时间口口声声地向担心自己的亲戚说着"无论什么样的生活自己都可以接受""没有钱没关系，一家人能够在一起就可以了""日子苦一点儿又怎么了，不买喜欢的东西又不会死"这样的话，其实是因为明白"等爸爸回来一切都会好的，自己想要的东西全部都会有，只是目前需要等待罢了"才会那样无所顾忌，甚至不屑一顾地说出口的吧。

事实上，我总是喜欢高估自己。

"爸爸到底什么时候才会回来啊？"

"现在谁也不知道。"意料之中的回答。"你不用管那么多，好好学习就行了。还有妈妈在。"

"你一个月才那点儿工资，怕是只能够我们交水电费吧。要是爸爸在的话……"要是爸爸在的话，我才能和她们一样有足够的零花钱、买新的衣服、不用心疼几块钱的打车费啊。

"吃饭了。"我将锅里最后一勺稀饭盛进碗里，夹了一筷子酱菜。

每天都看见妈妈为了爸爸的事情四处奔波，却心心念念地想着没有钱买想要的东西；在日常的生活上也没有被委屈什么，却衍生出了更多的欲望；明明是个已满十八岁的成人，可以在暑假的时候去找一份兼职，却只会懒散地待在家里还满腹牢骚……

这个样子的自己，肯定是会下地狱的。

　　我翻出钱包里所有的钱，数了数，还有三十四块三角。然后我跑去银行排了将近半个小时的队把它们全部存进卡里。加上卡里余下的五十来块，刚好够我去淘宝买下那双正在做限时抢购的鞋子。

　　距离活动结束还有十一小时二十七分三十二秒。

　　在完成了一系列的程序之后，我突然感到特别开心，像疯了一样，竟然兀自对着电脑屏幕笑出声来。这是我自从知道家里出事之后第一次发自内心的高兴。被抽离的精神、力量好像又重新回到了身体里，每个细胞都发出欢腾的声音。

　　心理所能承担的负荷远比身体所能承受的多很多。所谓"释然"，也不过就是一念之间的事。放下了就真的没有什么了。那些叠加在一起的"敏感""自卑"，逐渐衍生出的"愤怒"，也不过在打个喷嚏的瞬间便烟消云散了。

　　我是没有了钱，我现在甚至连一个一毛钱的信封都买不起。可是那又怎样？我突然想起《马路须加学园》里面大岛优子说过的一句话："就算失去一切，还会剩下未来。有明天真好。"

我的最温暖

他 还 在

宿心怡

1

　　这段聊天记录，让我的心蒙上了一层看不见的忧伤。世间最无能为力的事，便是看着亲人日渐衰老，伸出手去，想要阻挡这匆匆流逝的时光啊，却徒留满指的冰凉与虚无……

　　"丫头，怎么突然不开心了呢？"

　　"没什么，只是想起爷爷了。"

2

　　他陪我走过的时光，是八年。记忆里有他身影的日子，是五年。他离开的时间，是九年。

　　九年，足够忘记许多事，足够改变许多事。唯一不忘的，是他。唯一没变的，是关于他的记忆。

　　当初那个信誓旦旦要把北大通知书拿给他看的小丫头如今在为能不能上一本纠结；当初那个由他亲手栽种的樱桃树日渐茁壮，却在他离开后的第二年再没了甜蜜圆满的果实，然后2008年的那场大雪让它成了枯木；当初他买回来的小牛犊长成了憨厚的大水牛，却在他离开后连续罢工几天最终被大卡车拉走；当初由他亲手垒起的小土房，却在没人住之后坍塌化为泥土；当初……

原来，我在回忆起这一切的时候，只能用这样的词：当初。当初是多么残忍的叙述方式，所有的残存的记忆就像散落在脑海里的碎屑，我不知道我会记得多久，而此刻，我多想通过每一次的回忆把它们留住。

3

夏夜，会在灯火通明处想他，想起那些只有他和奶奶照顾我的日子。

那时的夏夜天空还很明朗，还可以听见蛙鸣、看见萤火虫的微光。他会躺在藤椅上，我会坐在他的肚皮上，奶奶手中的蒲扇轻摇，他就开始给我讲刘关张的故事了。

可是，他的故事总会被我打断。"爷爷你看，流星！""傻丫头，那是飞机的信号灯！"然后他就会用有些粗糙的手捏我的小脸蛋儿，或者用他没有剃干净的胡须扎我的额头。"那是流星，才不是飞机！"原本正误分明的事，他也会在我努着嘴撒娇的申辩中败下阵来。

他讲牛郎织女的故事给我听，告诉我北极星在哪儿，要是在野外迷了路怎么办。他说人死后会变成天上的星星，可是，夜夜仰望星空的我，却始终找不到哪一颗是你看我时慈爱的眼睛。

4

十六岁，我终于有了属于自己的衣橱。听从爸爸的建议，衣服终于不再是单调的黑白灰。可色彩再多，却始终没有红色。

讨厌红色的理由连爸妈都不曾知晓。翻开尘封九年的相册，那时我几乎所有的照片里都穿着不同的红色。我穿着仅剩的红色棉袄参加了他的葬礼，看着大红的棺材盖子一合，就那样我再也见不到他了。

我穿着那样鲜艳的颜色送走了我最爱的人，时至今日，想起那样的场景心都会微微抽搐。我抗拒一切红色，我不知道除了恨透了红色我还能做什么。

他走后，奶奶就一直在爸妈的身边，奶奶因为帕金森综合征口齿不清，我只是安静地微笑着陪她说那些她自己也不甚明了的话。奶奶常常说起我小时候的故事，那些奶奶口中的我的小时候，也每一次都有他。

我知道，奶奶想他。人老了就变得可怜了，每天靠着模糊的残存的记忆混沌地过着每一天，时光在他们身上慢了下来，仅仅留下一片自我构筑的空间等待自己安然地老去。我安静地听着奶奶唠叨，微笑着趴在她的床边给她剪指甲、洗头发，我想，只要她记得我，我就该庆幸，只要她还在，我就知足。

5

"我只是不明白，他离开我的时间比他陪在我身边的日子还要长，为什么我一想到他就会难过得止不住眼泪？"

"傻丫头，他一直都在啊！他只是默默地陪着你，看你开心看你幸福，如果你伤心，他也会跟着你难过的，所以，要一直微笑走下去才好。"

我终于在泪光里挣扎出一个微笑，我想，他一直都在，我要一直微笑，一直让他看见我过得很幸福。

蔚蓝色的友谊

我记得前不久，珊珊问我："男女之间的友谊会不会很短暂？"我给了她坚定的回答："不会啊，就像我和你！"

其实，我还想接着说："友谊就像蔚蓝色的天空一样，澄净又美丽。而且，我坚信，我们的友谊会是一辈子的！"

可我终究没说出口。我怕秦珊珊听完我诗一般的叙述后，又逼着我为她写诗……

蔚蓝色的友谊

黄晓晴

"如果我们之间隔着太平洋的距离，你在左岸，我在右岸，你会怎么办？"秦珊珊的语气有点儿像是要找人打架。

我不紧不慢地喝完杯中的白开水，含情脉脉地盯着她看，"你有病啊？还是快要疯了？"

她狠狠地白了我一眼，"对啊，是为了你而疯的！"

我保证，如果是一个温情女子对我说这话，我不激动、冲动至少也会十分感动。但这话从珊珊口里说出来，而且语气硬邦邦的，不由得令我倒抽了一口冷气。

"我看你是答不出来吧？"愤怒的火苗在她眼里熊熊燃烧。

我深情地看着她，故作深奥地说："板块运动会使太平洋左右两岸的距离越来越小的。"

"这好像需要几亿年的时间吧？"

"很久很久以前，上帝问年轻人，在他眼中，一分钟有多久？年轻人说一分钟就是一亿年。所以在我眼中，几亿年就是几分钟。"

"啊？这么有哲理的故事，我怎么没听说过？"

我摆出一副很严肃的样子，"哦，因为那时你还没出生呢！"

珊珊激动万分地说："我要把这个故事记下来，以后写作文时可以当素材用呢！"

我把脸侧向一边，尽量不让她看到我哭笑不得的样子。没想到我即兴编的故事她全信了，还认真地抄到摘抄本上。我深深地叹了口气，佩服自己如此有才。

　　我用手指熟练地旋转着笔杆，正对着一沓白花花的试卷发呆——先做语文试卷的话，怎么向英语老师交代？先做物理，那数学怎么办？

　　正当我冥思苦想着如何在最短的时间内做出最完美的抉择时，我的右耳被人塞进了耳麦。

　　是王杰的《安妮》。跌宕起伏的音律夹杂着些许决绝，流畅的声律中流淌着不浓不淡的忧伤，还掺和了点儿悲壮美。我在歌声中陶醉，暂时忘却了那堆试卷给我带来的不快。

　　"我好喜欢那句'事到如今不能埋怨你，只恨我不能抗拒命运'，你呢？"秦珊珊仰着天真的面孔问我。

　　"跟你一样啊。"我很识相地说。

　　从认识秦珊珊到现在，我积累了一个宝贵经验，那就是——当她说好喜欢哪句歌词时，你必须说些"跟你一样啊"之类的话，要不然，她会拉着你一起听那首歌，直到你也喜欢那句歌词为止。

　　不得不承认，珊珊很迷恋音乐。她下课后会唱歌，吃饭排队时会哼歌。而且，我听说她洗澡时也会高歌，睡觉前还会浅唱。珊珊女侠对音乐迷恋到如此地步，小生真是自愧不如啊！

　　依稀记得校庆前夕，珊珊来找我。我看她神情黯淡，准是心情不好。

　　"诺枫，一个人的位置是不是很重要？我为这次唱歌比赛付出了那么多心血，却被安排到一个毫不起眼的位置，一个可有可无的起衬托作用的位置！"她的脸上写满愤怒，眼神无尽哀伤。

　　我该如何安慰她，才能让她的天空尽快放晴呢？

　　"每一个球员都有他的位置，对吧？比赛时，我们都愿意把球传给队长，因为队长投篮的准确率较高。也许，队长在球场上是受人瞩目的焦点，而我们所站的位置是不起眼的，但只要我们队能赢就可以啦。也许，你不是舞台上最闪亮的那一个，但你可以成为歌声最嘹亮的那一个。懂不？"我目不转睛地看着珊珊，希望能捕捉到她神情的细微变化。

只见珊珊脸上的笑容像荷花瓣般微微舒展，"谢谢你，枫。"我看见她的眼里流转着快乐的光辉，心里有种说不出的兴奋。

看到朋友心情好转，自己也会跟着开心。兴许，这就是友谊吧。

"许诺枫，你什么时候给我写诗啊？"珊珊边说边撩着额前的碎发。

"为一个人写诗是荒唐的。"说出自己的心声后，我埋头写作业，一边写一边想象着自己惨遭毒打的情境。

果不其然，一本《牛津大辞典》扑向我，我的手臂生疼。我忍，我忍，我相信那句叫"忍者无敌"的话。

"为我写诗，是你三生有幸！再说了，你发表了那么多诗歌，为我写一首会死啊？"

"为一个人写诗需要太多的灵感。我是个凡人，没有汇聚灵感的神功。"

我的话音未落，珊珊就声音低沉地说："原来，诗人也有诗人的难处啊。"

我点了点头，十分感激她的宽宏大量。其实，珊珊要我为她写诗这件事，要追溯到很久很久以前。

那时，我在《诗刊》上发表了几首小诗，谁知珊珊同学抱着《诗刊》冲到我面前，说要跟才子好好认识一下。之后她就顺理成章地跟我要见面礼——送她一首诗。而且，她还相当激动地说只要一首就够了。

当时我很纳闷儿，什么一首就够了？我好像还没答应要为你秦珊珊写诗吧？再说了，你秦珊珊还没达到让我诗兴大发一连写好几首的境界吧！

天空明净。西边的云彩被镀上了一层好看的金黄色，泛着并不耀眼的光芒。我缓缓走近她，目光陪伴着她的每一个起落。说实在的，我还没见过女生这么爱打篮球的。

"珊珊姑娘，你命中率还挺高的呀。"

她转过头，脸上洋溢着夕阳的光辉。

"枫，我想问你件事。"

"什么事？"

"为什么你从不去我空间看我的日志啊？"

"哦，有空会去的。"

珊珊的眼里划过一丝忧伤。她明显有些失落。

珊珊，你知道吗？我不去看你空间的原因并不是我没空，而是我害怕知道你内心潜藏着另一个你，一个我从没了解过的你。所以我更愿意看着现在的你，看你或欢乐或忧伤的样子。这样就足够了，真的。

"枫，你在想些什么啊？"

我拉回万千思绪，莞尔一笑，"没有啊，快上晚自习了，回教室吧。"

"枫，你打篮球时很帅气哦。"

"诺枫，你唱歌给我听吧，我累了。"

"许诺枫，什么时候，你把欠我的那首诗还给我啊？"

……

我每天都在秦珊珊"天籁"般的声音中度过。不得不承认，她为我的生活注入了不少活力。

我记得前不久，珊珊问我："男女之间的友谊会不会很短暂？"我给了她坚定的回答："不会啊，就像我和你！"

其实，我还想接着说："友谊就像蔚蓝色的天空一样，澄净又美丽。而且，我坚信，我们的友谊会是一辈子的！"

可我终究没说出口。我怕秦珊珊听完我诗一般的叙述后，又逼着我为她写诗……

画　心

　　第一次见到任宣的时候，我还是一个只会想象书中所描绘的爱情的高一新生。

　　那天下午，我拿着工具走进了美术小组的活动教室，几扇大大的窗子挂着暗色的窗帘，夏天的阳光透过窗子，在窗框上晕着光芒。他就蹲在教室的角落里，收拾着上一届学生留下的东西。

　　我在窗边的位置坐下，那样我可以随时看见外面高大的法桐，享受着我最喜爱的阳光。

　　很快老师走了进来，从他的样子不难看出，这是一个热爱抽象派的人。

　　"这节课新来的同学先跟着高年级学习。""抽象派"面无表情地说，"高年级要一对一地教新同学是这里的规矩。"

　　"抽象派"很快把大家一一分组，当他把我和任宣分为一组的时候，他给任宣丢下一句"看好纪律"便从门口消失了。

　　还是一个"抽象派"中的"音速小子"。我想。

　　我点了点头，"齐娜。"

　　于是，在一个很平凡的时间、很平凡的地点、很平凡的对话中，我们认识了。一切都很平凡，没有色彩，没有光芒。

我和他说话的时候，他一直在画画，调着颜色。我想他应该很喜欢画画吧。

"如果你心中有一个地方，闭上眼睛想象，然后用笔画出来，当你觉得你画的和你心中的地方完全一样时，那么你已经让你心中的地方和你一起在这个世界上呼吸，和你的脉搏一起跳动了。"他对我说这话时，正用画笔在纸上涂抹大片大片迷人的紫色。一片薰衣草。

"这就是你心里的地方？"我指着那片紫色问。

他没有说话，只是回过头来朝我笑了笑，然后低下头继续调颜色。

我背对着窗户，看阳光照射在他的白色校服上，明晃晃地刺着我的眼。他的眼睛微微眯了起来，像是在笑，酒窝若隐若现。

我承认，当时的我是有那么一点儿看呆了，我似乎感觉到是有那么一片薰衣草，空气里充盈着迷人的味道。

他画完之后把画贴在了墙上，一个不引人注目的地方，但那紫色和周围画纸上秋天的浓烈色彩相比却显得那么突兀，让我在看到那些秋景后感到特别宁静。

随着相处的时间越来越长，我们成了朋友，一起画画，一起买工具，一起买画册。我们经常比谁先到美术教室，但每次都是我气喘吁吁停在教室门口就看见他"哗"的一声将窗帘拉开，阳光就那么突然地泻了一地。

我叫他"幻想哥"，而他每次都会用手指戳我的额头，"小孩儿。"他笑着说。

"只是比你小两年而已，为什么总叫我小孩儿？"我不满他对我的称呼。他却只是笑笑，什么都没说。

这个夏天我过得无比开心，但时间不能因为你的开心而停留下来，秋天的风从树叶的缝隙中挤了进来，吹散了这个夏天。

或许是和这哀凉的天气一样，美术小组的同学们最近毫无生机，交上去的作品很少有让"抽象派"满意的。于是在一个下午，"抽象派"决定带我们去写生。

在学校后的小山坡上，那里极少有人去，杂草肆无忌惮地疯狂生长，风一吹，形状千变万化。

当我们到那时，太阳开始像要沉下去，被长而密的草杂乱地分割得艳美绮丽、支离破碎。

任宣站在山坡上，向着太阳，迎着风张开双臂。风将他的衣服吹得鼓鼓的，头发乱飞。一片薰衣草啊。任宣幻想。

这次我没有叫他"幻想哥"，我学着他的样子去想。可是除了突然飞起的鸟翅膀扇动的声音，我什么都没有感觉到。

我睁开了眼睛，被突然出现在眼前的面孔吓了一大跳。

"唉，小孩儿能感到些什么？"他说。然后坐到了地上，开始画画。

这时我感觉到我的脸在莫名地发烫，脑子里全是清晰的"怦怦"声，心像是快要跳出来般。

突然我想起了小说中的爱情。脸红、心跳，和小说中的描绘一一入座，然后电影开始了。它叫《爱情》。

它来得那么突然，像黑夜中的闪电，刺破层云在我们的头顶上昭示着它的真实。我不知所措，像小时候打碎妈妈的花瓶一样，不知道是该哭着认错还是把碎片偷偷藏起来。

在后来的几天里，我的话少了，却总是偷偷看他，在他察觉到时，再装作若无其事。这多像是一场游戏，我不厌其烦地玩了一遍又一遍。

我一直认为，时间就是一个瞎子，它总是无所顾忌地向前横冲直撞，它不会在撞到什么东西后说对不起。

它撞到了我，撞到了我的爱情，让我疼痛。

几个月之后又是一个夏天，他即将高考，他不再来活动小组，他必须放下幻想。他要走了。我不能再见到他。

在他走的第一天，我就开始想他，想他的话，想他叫我小孩儿的时候，想他画画时的样子。想他的一切一切，我甚至不能控制住自己。

117

我沉湎在那一片薰衣草里，无法自拔。

一天下午，任宣回来了，回来拿落在美术教室里的东西。我早早地来到了教室，等他。

"嗨，小孩儿。"他拍了拍我的头说，"我毕业了。"

天知道当时我是怎么平静下来的，只知道我依旧笑着但却安安静静地说："幻想哥，给我留一幅画吧。"

他给了我一幅薰衣草，是他最喜欢的薰衣草。

我小心翼翼地接过，当我抬起头时，他已经收拾好东西站在了我的面前。他指着墙上那幅薰衣草说："毕业后，我就要去那个地方。"

当他挥了挥手和我说再见的时候，我知道以后再也见不到他了，我可怜的爱情被披着黑色袍子的时间踩碎了。

我站在窗前，眼睛开始发胀，喉咙被东西堵住，我紧紧闭着嘴，怕自己会哭。

可最后我还是哭了，我捂着嘴掩盖住声音，躲在窗帘后看他走在繁密的法桐下，衣服上满是阳光透过树叶落下的斑斓。我希望他回头，朝三楼的地方再看最后一眼。可是他没有，没有回头，拿着画板，就这样消失在拐角处。

我已经忘了那天下午我是怎样度过的，好像是在美术教室的地板上坐了很久，喉咙发干，眼睛干涩疼痛。

回到家后，我把他的画用干净的白纸包了起来，压在了书柜的一摞书底下，在关书柜的玻璃窗时，我想我心里的窗户也被关上了，因为力道太大，上面出现了一道裂纹。

我心里的深处也藏着一幅画，我锁了起来，没有钥匙。

很快，冬天里漫无目的纷飞的大雪淹没掉了秋天，夏天里炽热的心也被淡淡地冷却掉，结上了透亮的薄冰，像水晶般在阳光下折射出万丈光芒。

书柜里的画，我从未去翻看，不知道在四季的轮回后，它还是不是原来的色彩了……

时间都去哪儿了

蒋一初

那样的遇见

2007年的冬天没有下雪，天气异常干冷。我穿着厚重的羽绒服站在讲台上，望着坐满了人的教室，不知道目光该落在何处，只有不停地傻笑。那年我上五年级，现在我已经不记得那个年轻的老师叫什么名字了，不过我想可以叫她苏苏，残存的记忆驱使我这样称呼她。

苏苏问我有没有英文名字。"Amy，我的英文名。"这是一个老师给我起的，我一直很喜欢，当然那时这个名字还没有被英语课本用到泛滥。

"小Amy，那你坐到Tina旁边吧。"

Tina，一个戴着圆圆的眼镜、绑着马尾的姑娘。她坐在第一位，同桌的位置是空的，所以我成了Tina的同桌。

那时候家教并不盛行，我们上的都是"剑桥少儿英语"，为了考级努力学习，就好像考过了就能上剑桥一样。小孩子的好胜心永远随大溜儿，也只有这样单纯的竞争，才是日后回忆的重要部分。

Tina很瘦，和我们大多数女生一样，额头前一片光亮，刚刚踏进青春期，几颗小痘痘张牙舞爪地在她前额挑衅。Tina有一个很好听的名字，刚刚认识她时觉得她的名字太与众不同，没有我们这一代人"雨""婷""娜""天"的标识。

"我叫胡雁初。大雁的雁，初春的初。"

"我叫张天天。天下无敌的天，哈哈！"

苏苏每次考听写我都会依靠胡雁初拿到95分，而她似乎永远都是100分。

"胡雁初，你的英语为什么那么好啊？"我翻着胡雁初被苏苏画满小星星的已背文章不禁感叹。

"因为我爸妈都是英语老师啦！"

似乎所有光环在胡雁初的眼里都不如额头上的"美丽痘"有吸引力，她总是对着镜子抠啊抠的，当然那时她还不知道有痘印这种比痘痘杀伤力强N倍的东西。

我是从那时开始自卑的吧？然后我开始拼命背课文，希望别人看我能像看胡雁初那样——带着赞美。

有几支笔是我们俩的共同财产。胡雁初有一支黄绿色透明的0.7自动铅笔，里面有一个小钢珠晃来晃去，她还放了几粒很香的豆子在铅笔里面，每个周末我见到她时都会从她铅笔盒里拿出那支笔放在鼻子下面使劲闻，然后喃喃着："怎么会这么香呢？"胡雁初总是捂着嘴笑我傻帽儿。

只是后来那支笔被很香的豆豆塞实心了，也倒不出来，那支笔就这样坏掉了，我们再去当初买这支笔的店的时候，已经找不到和这支笔一样的了。为了这件事我还郁闷了一段时间，因为我非常喜欢那种香味，而其他笔是没有地方可以塞进豆子的。

这样的离别

我的努力有了效果。每次和胡雁初搭档读课文都能得到苏苏的表扬，可是不懂音标的我为什么会读得那么标准呢？我把课本盖在脸上，笑出了声。

胡雁初在我问了她无数遍发音的时候，终于把她的独门绝技教给了我。我看到她在"when"旁边写了一个"蚊"，在"morning"旁边写了一个"猫宁"，我就一下子全懂了。所以每次一有同学读单词磕磕巴巴，我们都会偷笑，再看着书上的中文"翻译"纠正他们的读音。

我以为我会这样和胡雁初一起学完"剑桥少儿英语"三级，再一起学"新概念英语"，可是胡雁初却告诉我，她不上了。我从来没有想过没有了胡雁初我该怎么学英语，谁帮我抽背单词？谁会在我背课文的时候纠正我背错的地方？谁会和我搭档读课文？我没问，因为问了她也还是要走。我怎么就忘了胡雁初的父母都是英语老师呢？她没必要来这里上课，也没必要考那个有些可笑的什么级。如果她一开始就没有来，那么我们就不会有乏味的开始和这样仓促的离别吧。

上初一的时候又见过胡雁初一次，她蹬着自行车去她外婆家。额头上的痘痘越来越多，她用手摸了摸我的脑门儿说："你的额头上怎么这么干净啊？啊？"

"因为家庭遗传呗，哈哈哈！"

"你看你，又傻笑，和以前一样！"

其实我和以前一点儿也不一样了。六年级的时候，我在苏苏那里背书得到的小星星甚至比胡雁初以前的还多。文章越长对话越少，我不需要搭档了，只是学英语的热情在一点点地冷却，到现在，它已经被冻成了冰块。

初中毕业的时候，我找到了三年前胡雁初送我的"绿箭"，上面还写着"Tina赠Amy"。"绿箭"的香味还在，只是保质期已经过了太久。

忽然好想你

遇见曦哥是在初三暑假，我们一起参加了百度的一个活动。曦哥又叫面瘫哥，总是一副"你说啥"的表情。他是胡雁初的小学同学，在聊到我和胡雁初现在还有联系的时候，曦哥露出了惊讶的神色。面瘫不再面瘫，一旁的同学说我是个英雄。

我确实没有和胡雁初中断联系。比如说她会在大半夜给我留言："我唱到'我们的爱，过了就不再回来'的时候，哭得一塌糊涂。"我不知道她经历了什么，也不知道怎么安慰她，只能回复说："我也挺喜欢飞儿。"多么苍白，可总比沉默好吧。

最近总是看到胡雁初发服装图片，她在帮别人卖衣服赚外快。优秀的胡雁初没有上我们这里最好的高中，甚至连第二好的高中都没有考取。而当初拼命学习英语的我，正对着英语成绩欲哭无泪。

我们好像认识了七年，还是八年？我记得当时我穿了一件橙色的羽绒服，胡雁初穿的是白色的。我们都露出了额头，喜欢咧着嘴巴笑。她说："Amy？我叫你小昔米吧。"我说："Tina？我叫你小眼镜吧。"

除了那支带香的自动铅笔，我也很喜欢胡雁初的那支蓝色马克笔，而她喜欢用我的黑色勾线笔在桌子上画来画去。

其实每次读书之前我都会犹豫，胡雁初会高高地举起手，然后我就习惯众人的目光了。

可是这中间七八年是用来干什么的呢？

是用来让胡雁初剪刘海儿遮住痘痘的？是用来让我捂住嘴巴笑的？是用来让我买全所有颜色的马克笔只玩不用的？不然时间是用来干什么的呢？

冬天又来了，一定会下雪的。只是我的衣柜里没有了橙色的羽绒服，而且我也不再需要去上那样的辅导班了。

我很冷，不知道胡雁初是不是也如此。

寻找有你的世界

九 久

你会不会跳孤单芭蕾

有一种人，每天如同影子一般生活着。即使是朝夕相处，你也很难察觉到他的存在。

付一一就是这样的人。

喜欢着过气的明星，千年不变的马尾小辫，朴素简单的衣裳两周一换，九门功课的作业她只写自己想做的。不迟到不早退，在教室里见到她没人说一句话——除了第一天开学时，老师问她"你是付一一吧？"她"嗯"了一声以后，就正式作业不交，家庭作业也不写，老师也不理睬。似乎整个教室的人都拿她当空气。

可说来说去，最倒霉的那个人是我——传说中付一一的同桌。无数次有人问我："你和同桌难道不说话？"我只能回他一个白眼，"要不你自己去试试看？"

没错，付一一同学的定力绝对大于万有引力，这都将近一年了，高一都要结束了，我作为她的同学兼同桌竟和她没说过一句话！甚至有时候在自习课上她写数学题期间我故意和前桌大声聊网络游戏，聊武器装备、人物形象，她都无动于衷，连眉头也不会皱一下。倒是我自己被值周老师叫出去批得惨不忍睹……天理难容啊！每每想到这个痛心处总忍不住仰天长叹。

就在我终于放弃了与她交流默认她为病人之后的第三天，她竟说话给我了——

她问我："你会不会跳孤单芭蕾？"

虽然我当时正在喝水，但我还是忍住没有喷出来，我一直以来在她心目中的印象就是这样啊？她根本没把我当爷们儿看吗！

无奈小声反抗一句："我是男生啊，男生！"

没想到，她竟然"扑哧"一声笑了："那只是一首歌的名字。"

对于我这种整天满脑子不是网络游戏就是欧美摇滚的人来说，还真没注意过这些矫情文艺的歌。不过，她笑起来蛮好看。

只是有些伤口不曾拥抱

直到高一假期的某一天，我去表妹家，表妹正玩芭比换装游戏，播放器里显示的是——许慧欣《孤单芭蕾》。"什么？妹，你什么时候下的这歌？你竟然听这个？"在我表示震惊和不解的语气中，表妹露出一副不屑的神情，"你自己看我播放列表啊，有什么可大惊小怪的。"我立刻点开列表清单，顿时恨不得给跪了——三百四十五首歌的大致构成如下：齐秦、阿杜、水木年华、童安格等为代表的老男人的歌各约有二十首，周迅、林忆莲、许慧欣、谢安琪等为代表的大龄女的歌各有三四十首……"你……你是在'经典歌曲'里批量下载的吧？"那家伙又开始玩游戏，完全不理我……

于是，我坐在沙发上，把表妹手机里所有许慧欣的歌都认真地听了一遍。我好像明白了付一一为什么喜欢许慧欣了。

事实上，付一一在高一的第一任同桌不是我，是一个女生。那个女生和她做了两天同桌之后就嚷嚷着要换座位。她还在付一一不在教室的时候给别人绘声绘色地讲付一一的自闭症。

付一一的自闭症在恢复阶段时又来到一个新环境，所以她又把自己封闭回自己的世界。直到用了一年，才渐渐恢复。

前半句是那位女生曾经说过的，最后一句，是我自己的亲身经历。我在第二周主动和那位女生换了座位，与付一一成了同桌。

班上具有八卦精神的同学一时之间热议纷纷，不过同样是当事人之一的付一一同学却仿若什么事都没发生过一样。于是，我也选择了沉默。不久之后，我的"英雄救美"事件也被大家淡忘了。而我也坚持在付一一同学的影响下"信奉"沉默是金，上课睡觉或者看小说，生活也过得优哉游哉。

这一年的春节来得早，所以第一学期便过得飞快。顺其自然，寒假就飞得更快了。第二学期开学初，老爸就警告我新学期要有所转变，否则……老爸不知道我对他的这句话早已免疫了，所以新年来的两次考试，月考班级倒第五，期中考就直接第一了，当然是倒数的。期中考试后的家长会老爸直接选择不参加，老爸说他要去德国。妈妈在离婚之后去了汉堡定居。也许爸爸已经放弃我了吧。不过，我不在意，一点儿也不在乎。

我在乎的是，付一一。

付一一，你为什么要把自己封闭起来？你要学文科还是理科？你的喜好兴趣是什么？你，有没有喜欢的人？我，可不可以把怀抱和肩膀一辈子借给你？

付一一，你说话啊。你分明知道男生没有那么大的耐性。

付一一，你终于说了两句话。我却忽然没有了勇气告诉你我要远走他国了。

付一一，你终于愿意走出你的世界了，可你们谁也不知道，我也是一个病人。在整个世界都患病的年代里，那个心理学硕士的妈妈说，我有解离症。

付一一迟来的告白

升入高二，我们班没有拆，作为理科班保留下来。我也留在了班里。

可是开学两天了，我旁边的座位依旧空着。李楠烨一直没有来，也没有人愿意和我做同桌。

是的，除了李楠烨那个傻瓜是没有人会理睬我的。

9月2日的晚上，我纠结了半天，还是决定发短信给他："同桌，你在哪儿？"

"我在汉堡，德国。你？"

无须再多问。我想，你也不需再知道我为你留在了理科班。

时差、空间的距离、陌生的国度……一如我们的曾经，冷漠与沉默是我们空气中唯一的成分。

付一一，原来你所有的一心一意，都不过是你的一厢情愿罢了。

9月4日，休学手续才全部办妥。

我收拾好一个人的行囊——回到了自己的世界，去寻找有你的世界……

写在与你同桌一周年的日子里

老 狼

在这与你同桌一周年的纪念日里，请允许我代表班里部分同学以及我自己，小小地发一下牢骚。

首先，我代表班里的一小部分同学，对你那对大眼睛表示轻微程度的不满。你的睫毛长我们不跟你计较，你是双眼皮我们认了，你的眼睛大也算了，可你也不能对新来的同学瞪起你那双像玩具金鱼一样大的眼睛啊！难道你不知道第一次见面就使劲盯着人家看是很不礼貌的吗？难怪伊娜在刚来到这个班级的那阵子，夜夜从睡梦中惊醒，每每做噩梦都是因为梦到你那双大眼睛。

老实说，我们都觉得你的眼睛不仅仅是大，而是大得有点儿离谱。你那对大眼睛向来都是班里女生午饭后八卦的重点，晚上熄灯后也不乏女生在床头间为你传诵。一说是奥特曼转世，一说是非洲蜥蜴的化身，一说是胚胎在发育时出现了传说中的基因重组……你总说为人要低调低调再低调，可你是否知道，你动不动就瞪起眼睛的一系列行为，让向来与你同甘共苦、荣辱与共的好同桌——单眼皮又小眼睛的我感到压力很大！甚至还有女生跑来问我你小时候是不是咸蛋超人看太多了云云……

其次，是关于你上课总是诱惑我陪你聊天一事。身为我的同桌，你应该知道我这个人抵抗能力特别强。除了诱惑之外，我什么都可以抵抗。可你也不能仗着你的眼睛大、眼圈长、眼球转动的角度大、眼睛观察的范围广，就总是诱惑小眼睛又带几分近视的我陪你聊天啊！如果是下课时也就算了。可你知道，我声音大嗓门儿粗，往往是话还没说完，老师的粉笔头就已经往我太阳穴上弹了。我的眼睛小，当然不可能做到像你那样，在一边看着我说话，一边注意老师的表情，一边研究老师手中粉笔头的运动轨迹，还能空出一点儿视线来注意班花碧虹上课是否认真听课。虽然我们说好了要同甘共苦的，但你也不能什么事都拉我下水吧。什么？你说你凡事第一个想到的就是我？你说这话不怕遭雷劈吗？碧虹拿橘子给你吃的时候你怎么就没想起我！

　　说了这么多，都是和你的眼睛有关的。那么，接下来就盘点一下你的行为。

　　你很幽默，这一点我们不得不承认。你很会演，这一点也是大家有目共睹的。本来幽默和会演并不是什么坏事，可一到了你这儿，我估计"翻天覆地"这个词，形容的也就是你这种情况了。

　　你能运用你的幽默"细菌"，结合你的演技，从而带给周边的我们很多欢乐，这是我们非常愿意的。但你总不能上课下课一视同仁照演不误吧？你知不知道强忍着不笑是会把人憋出内伤的？况且你在这方面的修为已经到了登峰造极的境界，这更让平凡普通的我们很是惶恐。无论何其雷人的笑话，你总能用你独有的方式，从容淡定地将其演绎，使我们犹如身临其境，故无不捧腹开怀。但如果是在上课，此举的后果可想而知。所以每逢周末评小组总分的时候，咱组总是拿不到第一，这很大程度上都是因为你的缘故。

　　提起上课，这使我想起一件在我心头积压已久又不得不说的事。凭什么上课你玩手机就可以，我玩手机就不可以？凭什么上课我睡觉不可以，你睡觉就可以？

　　我知道你对我取"老狼"这个网名很是不满，但这是我的自由。别说是"老狼"，就算是"老娘""老干妈"，你也无权干涉不是吗？你自封的"谥号"——陈默，我不也没意见吗？

你每晚总在上铺开着手电筒看小说，一直看到凌晨一两点才肯睡，这我不管。可你看小说的同时，为啥总不忘每隔两三分钟就兴奋地踢床！学校给分配的本来就是质量很差的劣质床板，你这样做，有没有考虑过睡在你下铺的我需要承受多大的心理压力。

每晚被你打扰到半夜也就算了，可我白天补个觉有什么错？你两宿没睡仍旧精神得像被开水烫了的奥特曼，可我只是个普普通通的小老百姓啊大哥。更何况我眼睛本来就小，再不睡别人就真找不着我眼睛在哪儿了！

你别以为我不知道，其实我对你占便宜的事一清二楚。包括你每天晚上趁我把面泡好，然后去水房洗手洗筷子的时候偷喝我的面汤，还有趁我去打饭的时候躲在宿舍使劲偷喝我辛辛苦苦打来的白开水。你别老是把钱花在请女生看电影和送女生礼物上，我……什么什么？你问我这些是谁告的密？做梦！我死都不会告诉你这是耀武告的密。

说到吃饭，我又想起另一件令我很是为难的事情。每天中午你总拉我一起去食堂吃饭，打完饭你又总拉我一起坐食堂门口的第一排，然后要我边吃饭，边听你对眼前来来往往的女生进行一番全面而又详细的品头论足。如果只是这样，那还勉强可以忍。可你一看到漂亮的女生就会眼冒桃心做花痴状，引得旁人纷纷侧目。以至于每次吃完饭你的菜盆里总会剩下不少菜，你每次都要求我帮你解决掉它们。要换作别人，那也就算了。多吃这几口食堂大妈把盐当糖放的菜，顶多回去多喝几口白开水就是了。可你把钱全都花女生身上了，所以只能天天打这最便宜的大白菜，两个月了都不见你换。拜托，你吃不厌，也要考虑一下我啊！

喂喂喂，你到底有没有在听啊，别趴我床上拿着本小说跟一堆烂泥似的，我这儿跟你说话呢。不不不，我是看在今天是咱俩同桌一周年的纪念日，才对你说这些的。别看啦你，你不要总是看这些恶俗的言情小说。这个世界上根本不可能出现长得帅气、整天不学习还能次次考一百、科科考第一的富家公子哥；也没有一出门就是十几个保姆外加几十个保镖，家里有钱又冷若冰霜的女生会喜欢上你。拿来吧你，这本书我先替你收着，明天不准再迟到了。

说到迟到，我顺便以一个生活委员兼同桌的身份给你提个醒，刚才下晚修的时候，咱班主任已经说了，从明天开始，要对迟到的同学"大开杀戒"，我在这先给你通个气，你自己小心为上，到时被逮了可别怪我没事先通知你啊。

熄灯后，我拿着书站在床边，借着窗外的月光一看——《女生手把手教你泡美眉》。这小子！

等你在没有你的天堂

　　故事的最后，我们四散停留在九百六十万平方公里的各个角落里，却唯独没有杭州。我们谁都没有去那个被称作天堂的地方，去遇见期待中的白娘子或者许仙。

　　2011 年的最后一个月，我收到一张盖着杭州邮戳的明信片："我在断桥，下雪了。像童话一样，很美，但终究不是我想要的天堂。"

流水的岁月我和你

journey

许他他，我要和你一刀两断

虽然我极其舍不得许他他，但我那数理化三科不足七十分的成绩，让我最后还是乖乖地填了文科。

本以为我填文科时，许他他会冲过来握着我的手上演一出依依惜别的戏码，结果哪知那厮自打分科志愿表发下来后，就乐得逢人便说："知道吗？知道吗？我要读理科班了！我终于要摆脱江可乐了！"而听闻这个消息的人也都摆出一副普天同庆的模样，一边恭喜般地拍着他的肩一边说："他他啊，太好啦，你终于要结束三分像人七分像鬼的生活啦……"

好吧，许他他，我要和你一刀两断！我一边喝着许他他给我买的奶茶一边愤恨地想。

江可乐，你是我一辈子的小红颜

数学课上。

我正以波音747的速度赶着我的历史作业呢，突然许他他捅了捅我的背扔了一张纸条给我："这节数学课期末必考，你多少听点儿。历史作业我帮你抄。"

哼，刚才还在普天同庆要和我分班呢，现在想帮我抄历史作业将功补过？没门儿！于是我在纸条上不客气地写上："你黄鼠狼给鸡拜年。既然那么迫切想摆脱我，又何必来这套？我们一刀两断！"我把纸条又扔给许他他。

许他他自打开纸条后，磨磨蹭蹭了半天都没有动静。蓦地，我有点儿心慌，许他他这厮不会真的和我一刀两断了吧？怎么说也做了那么久的前后桌嘛。正想着，突然觉得有人往我后背上贴东西。我伸手往后一摸，果不其然，揭下一张纸。许他他用红笔在上头写下了几个极其难看的狗扒字："相信我，江可乐，你是我许他他一辈子的小红颜！"

这还差不多。我心满意足地笑了。好吧，许他他同学，你也勉强算是我江可乐一辈子的小蓝颜吧。

许他他，你是我的金刚伞

忘了究竟从什么时候开始，我和许他他已经"情比金坚"了。只记得最初许他他刚成为我后桌的时候我曾为了找他借本书而用半节课纠结怎么开口才够淑女。而今，许他他的书上早已布满我的各种杰作：随笔、涂鸦、草稿，甚至在数学课本的最后一节空白页上还有我近八百字的抨击中国教育的议论文。但许他他从不介意，他只会偶尔抱怨一句："江可乐，你画得我都没地方做笔记了。"

许他他对于我来说，就好比金刚伞，什么事都替我挡着。就是天塌下来，我大喊一声："许他他，救命！"许他他就会立刻屏息凝神，扎稳马步替我把天撑起来。记得曾经有人好意劝许他他，说：

"他他啊，别老跟江可乐那种人混一块儿，近墨者黑啊。"结果许他他硬是直愣愣地回了一句让我发誓一辈子都爱他的话——"大家都是同学，哪有黑不黑的说法？但我觉得您就不同，我觉得您特白，真的，特别是脑子。"

江可乐，你还有我

许他他总是见证我无数事情。比如，我的初恋。

曾经有一段时间，我疯狂地喜欢上了学校田径队的一个男生。那个男生那种冰山气质让我分外着迷。

我曾经拉着许他他和那个男生一起跑步。五千米下来，无论我如何讨好或耍宝，人家都无动于衷。当时许他他喘着气劝我道："江可乐，咱回去喝可乐，别老揪着这一瓶破雪碧不放。"可是我的倔劲上来了，赌气道："许他他，我就是要雪碧。你要是不帮我搞定他，咱们绝交！"那时的我说这句话时，只顾看男生挥汗的身影，忽视了许他他眼里的疼。

我不知道许他他用了什么方法，但三天后那个男生正式与我交往，然后，在交往的第五天，我们正式分手。分手是我先提出的，男生想都没想就爽快答应了。分手后，我噙着眼泪回头去找许他他，扯着他的袖子死命地抹鼻涕眼泪说："许他他，原来他不止我一个女朋友。"许他他轻轻地抚着我的背说："江可乐，你还有我。"

我的初恋夭折很久后，我才听到小道消息。据说，当时许他他用三千米作为赌注，条件是要田径队的某男生和一个叫江可乐的女生交往。后来又据说，那个田径队的某男生和江可乐分手的第二天，许他他在操场上和那个男生动了手。

许他他，你知道吗？听完这些小道消息，我难过得想哭。我不知道向来只擅长短跑的你是怎样撑完那三千米并惊人地赢了比赛，我也不知道永远好脾气的你是如何在操场上失态动了手。但许他他，我知道，我还有你。

哪有你这么不分青红皂白地宠人

即将临近期末考了，这意味离分班又近了一步，许他他却没空和我一起"花前月下"了，他一边忙着自己复习，一边又要忙着帮我补数理化，帮我熬夜整理复习资料。我也第一次乖乖地听许他他的话，乖乖地复习，结果，事与愿违。

期末考的数学开考前，我就抱着不求及格只求不倒数的信念。结果开考后，我才发现数学卷子这玩意儿比老师的心还难捉摸。我耐着性子做了两道选择题，难得我想跳楼。于是我趁老师不注意，把卷子扔给后面的许他他。无所事事的我不禁打起了瞌睡，迷糊了不到十五分钟，就被吵醒了。

"许他他你怎么可以帮江可乐做卷子？"监考老师的声音极其尖锐，"江可乐，别睡了，起来，你的数学当零分处理。"

我尚未反应过来，就听到那个温和平稳的声音："不，老师，是我抢江可乐的卷子过来抄的。"

"许他他，怎么可能？！你年段前十，江可乐年段倒十！"

"是我抄江可乐的，应该给我计零分。"那声音在我身后始终平稳，而我竟然也没勇气跟老师澄清，只是眼睁睁地看着老师带着怀疑又无可奈何的眼神在许他他的卷子上重重地画上了零。

考试结束后，许他他一边收拾考试用具，一边对我说："刚帮你做了估计有七十多分，应该不会倒数了。"这时我才缓过神儿，听他这么一说，我不知为何突然暴怒，我把手中的笔全部摔在他脸上，我声嘶力竭地朝他喊："你干吗帮我？你这么做你考零分了你知不知道？你没办法进年段前十没办法进理科尖子班了你知不知道？！"许他他看着我的失态愣了一下，接着他开始微笑，他笑着说："江可乐，别担心。"然后他沉默了一会儿，又笑着继续说："江可乐，我已经决定改读文科了，我怕我去理科班没有人像我这么宠你……"

这回换我愣住了，我看着眼前这个干净的少年暖暖的笑，我心里某块地方轻轻疼了一下，眼泪止不住地往下掉，接着，我捂着眼睛开始号啕大哭："哪有你这么不分青红皂白地宠人啊……"

下辈子还要和你遇到

文理分班后，因为许他他那厮"高明"地让数学考了零分，于是他和我又光荣地分在同一个班，然后许他他又"高明"地耍了点儿小手段，我们又光荣地成为了前后桌，打打闹闹的小日子也日复一日地重新上演。

有一天，我和许他他同听一个Mp3，放的是张信哲的《做你的男人》。许他他一边听一边若有所思地问我："江可乐，咱俩之间是不是该有点儿什么啦？"当时，我一本书立刻拍在他脑门儿上："你才该有点儿什么！"许他他当即就乖乖地闭了嘴。但事后在许他他的笔记本里，我却郑重地把一句歌词写在上面："就算没告诉过你也知道，下辈子还要和你遇到。"

似水流年，我曾拥有你

或许，每个女生身边都有这么一个男生，让你不知道他该归之于爱情还是友情。他从未说过喜欢你，但他却永远知道一个劲儿地傻傻对你好，他知道你所有的喜恶，所有的秘密，他是你那段青葱岁月的最好见证人。他包容你疼你保护你，无论身边的人来来回回换了几拨，唯有他兜兜转转在原地等你。也许在很久很久以后，你们会找到各自执手的人，但又有什么关系呢？我最美的青春韶华已与你一起走过，此生无憾。

似水流年，我曾拥有你。

要么离你最近，要么离你最远

安木木

远离你后，留下一段安静的时光，而我，坐在这片苍白的静默里，细数这段往事。

没有过多的语言，没有华丽的场景，早已习惯用沉默代替以往的吵闹。我猜不透，到底是时间的推移还是缘分的尽头，总之我们之间的距离是越来越远。

1

上课时，习惯性地回头望向钟表，目光在你的身上滞停了三秒，然后迅速地转移。而你，依旧是在假装睡觉，安静地看着她的侧脸。

鼻子一酸，感觉下一秒就有泪水溢出，强忍着，依旧是微笑地对同桌说："我累了，先睡下，要是老师来了，记得叫我一下。"同桌抬起头看了看，然后点点头，接着埋头苦干。高中就是这样，在他们的心里好像除了学习就是成绩，没有人会注意到别人眼中强忍着的泪水。

额头靠在桌子上，用手不停地揉着眼睛，擦掉泪水，然后抬起头继续听语文老师侃侃而谈，虽然眼睛是看着老师，一句话也没说，可是心思早就被放空了。那一整节的语文课，我唯独记得老师说的那一句："当开心的时刻不再开心时，那便是伤心了……"

若是如此，我该伤心多少次？又该开心多少次？我不知道，我只知道，你曾来过我的世界。我为你伤心多少次，为你哭泣多少次，想念你多少次，将你的名字念成风景多少次，我早已记不清了。

我记得曾有人说过："当你想念一个人时，便在心里一直不停地默念他的名字，这样对方就会有感应。"可我默念了你这么久的名字，为何你还是没有感觉？为何你还是不知道我在想你呢？

2

冬日的风，完全没有了往日的凄冷，还透出恬静的柔和，只因能够在这样阳光充足的早晨与你相遇。

"这么早啊？"你问。

"嗯，是啊！"

"好久没有一起去学校了，一起走吧！"

我点头。只是简单的对白，去学校很长的一段路都是一大片一大

片的空白和沉默。

这不是偶像剧，而我也不是你的女主角，纵然不会像那些剧情一样，"唰"地一辆车过去，就在要把我撞倒的那一瞬间，你一把将我拥入怀中，用生气却充满宠溺的语气对我说："笨蛋，你就不会小心点儿吗？"可这终不是偶像剧，没有疾驶而过的车，也没有那些突袭的表白。有的只是我们之间的沉默和四周的嘈杂声。我搞不懂，到底是从什么时候开始，我们之间早已习惯用沉默代替吵闹？又是从什么时候开始，我们之间的距离越来越远了？

而此时的我，站在你的左边，离你左心房最近的地方。可我们心的距离却是隔着一整条银河系。

如果说，中国和法国的时差是五个小时，那么，我和你之间的时差又该是多少？我要向前或是后退多长时间，我们才能重逢？也许，当我找到属于我们的时间时，你早就已经走远了。而我们注定只是不同时

差的两个人，注定不能再次相遇，注定不能回到从前。

3

放学的铃声很清脆地响起，我看向你的座位，你早已收拾好了，冲出了教室。现在的你，不会再像以前一样，收拾好书包会在教室门口等我。我深吸了一口气，然后收拾好书包，走着你刚走过的路程。一直很安静地走在你的身后，一直以来，你总是假装睡觉，很安静地看她的侧脸。而我总是喜欢走在你身后，望着你离去的背影。

此时的你和她在前面不停地拉扯，不停地吵闹。你们的笑声打破寂静的教学楼。我转过身去，对冉冉说："下午我去找你。"

我假装自己没有看见，假装对你毫不在乎。我能骗了我自己，却骗不了自己所看到的一切。我还是很在乎，我还是看到了所有。

当我再一次回过头时，茫茫的人海中再也找不到熟悉的身影，任凭我找过了四周的每一寸土地，可依旧不见。

当所有的朋友在十字路口都走了的时候，我蹲在街角，哭泣得像个得不到糖的孩子。

4

指数函数的定义是：无限接近，却永远无法相交。就像是我和你。

我曾和你一起仰望过无数次的星空。

我曾和你一起挨了多少次老师的骂。

我曾和你一起迟到过多少次。

我曾和你一起哭泣过、笑过多少次。

我曾和你一起恶作剧过多少次。

等你在没有你的天堂

……

可这些明明是曾经经历过的事，现在全都成了回忆，成了我们都回不去的从前。然而，是我退出了你的世界，不再回头……

从此隔着天涯或是海角，永不相见。

5

做不了离你最近的那个，那我就做离你最远的那个。也许远离你，对我们来说都是一种宽容。

那么，我的白衣少年，我站在离你最远的地方祝你幸福。这场暗恋你永远不会知道。

野猪小姐的路人甲

第二

中考过后，我自作主张干了件特胆大的事——自己坐火车去青岛溜达溜达。可惜妹子我天生没什么文艺细胞，去青岛一不为大海，二不为浪漫，就是奔着青岛的海鲜大餐去的。

上车下车都有人接，中途不转站。我身上除了泡面和水，也没什么值钱的东西，车上人很多，咱这模样长得也够安全，在车上混个一天一夜应该没啥大问题。我这样想着，就随着大部队挤上了车。可谁知道，我这丫头一点儿也不争气，前脚刚踏上车，后脚周公就跟了上来。迷迷糊糊地找到座位，抱着一书包的泡面，趴在桌子上就睡了过去。

一觉醒来，天已经黑了，车上除了几个没有座位的人，几乎都东倒西歪地扶着行李箱打盹儿，一切看起来都那么正常，除了……我毫不客气地瞪了旁边的那个人一眼，后者很自觉地收起了他诡异的目光。

真是的，一醒过来就看到这个比我大不了几天的臭小子盯着我的脸发愣，本来看就看吧，我无所谓，可他偏偏要露出那么可恶的目光。不是惊艳，不是厌恶，倒像是……见到鬼了？嘁！我长得有这么罪恶吗？

"帮我看下包。"看看周围就剩他这么一个清醒的家伙，我利落地把书包扔给他，反正书包里只有六碗泡面，这又是在火车上，我不怕他卷包跑了。"我去冲泡面，要不要也给你带一碗？"这哥们儿好像被吓到了，抱着我的包，先是麻木地点点头，然后又急忙摇摇头。咋的？

怕我下毒啊？你舍不得你的小命，我还舍不得我的泡面呢！不理他，我转身去车头要开水去了。

一天一夜的火车之旅就被我在"醒了就吃泡面，吃完就睡觉，醒了再吃泡面"的反复活动中混过去了，一切都和我预想的一样，我成功地补好了睡眠，吃完了泡面。但在到达青岛站时还是发生了个小插曲，明明已经下车了的臭小子不知怎么又跑了回来，表情焦急，语气诚恳地向我索要手机号。我想了想，还是在他手心里写下了我的QQ号。这小子不是坏人，我确定。

啊，青岛啊，海鲜大餐啊，我来了！我无比兴奋地扯着接站的老姨奔向菜市场。可谁又想得到，我就是一小姐的身子丫鬟的命——螃蟹还没吃上一个，就开始闹肚子，强烈的水土不服愣是让我在床上躺了三天！第四天我实在闷得忍无可忍了，不顾老姨的反对，拖着只剩半条命的小身板儿爬上了线。

一个对话框自动跳了出来……

"你好！"嗯，陌生人？我最讨厌和陌生人聊天了。一开始都是文质彬彬地说"你好"，到最后十有八九都是猥琐至极的大叔！真是无聊透顶。我顺手关了它。

"嗨……"我看了看他的QQ尾数，竟然是同一个人！这人寂寞了吧？寂寞了找别人去啊？我这么罪恶你找我干吗啊？再次关掉。

"忙什么呢？呵呵……"你神经病啊！我又不认识你，你呵呵个头啊？你看不出来我不想理你吗？我想要把他拉黑的手刚伸出来，估计那头的他已经暴走了，居然猛砸键盘："妹子你是傻了还是失忆了那天在火车上你睡觉口水都快滴到我衣服上了你是不想承认了啊？"

一段话中间竟然没有一个标点符号！我得承认我就这么被他镇住了。当然，并不是因为他的气魄，而是……啊啊啊，我真的流口水了吗？怪不得他用那么奇怪的目光看着我，真是丢人丢到姥姥家了！心里这么想，可我嘴上绝不服软，"咋的？让我给你赔啊？告诉你，你找错人了。我一不会洗二不会买，反正我人在这里要杀要剐随便你，但我不保证我不会还手。"

"也没说让你赔，睡觉流口水又不丢人……"

"那你那天还用那么恶心的眼神看着我！"

"我就是好奇，那么晃的车，你居然还睡得着！而且你吃饱了就睡，睡饱了就吃，除了你长得瘦了点儿，简直就是一头猪！"

"我就是猪怎么了，有本事你也在火车上睡啊，好像某个娇滴滴的大小姐是带着黑眼圈下车的吧……"

"你……"

"我怎么了，你倒是说呀……"

再次上线时就收到了一张截图，我的QQ号后面备注着"野猪小姐"，是谁干的自然不必细说。我正想着要回复什么，老妈在后面催我把电脑关了，快点儿上学。我犹豫了一下，匆匆地下了线。

转眼就上了高中，九科作业像是清仓大甩卖的货物一样向我压来。我总是忙完了这个忙那个，偶尔上一次线也是匆匆地扫一眼留言，看没什么重要的信息就像逃难一般跑下线。有时也会看到臭小子的留言，但总是想着下次找个时间慢慢聊就把他越了过去。日复一日，直到我家的腾讯系统更新了，以前的很多聊天记录都丢失了，我才发现他也随着那些聊天记录一起不见了。

半年没有回应的对话，早已让我们之间找不到话题；从没有留心过的号码，早已在数百个号码中不见了痕迹。时间真是个不可思议的魔术师，不知不觉间，它让那个野猪小姐还是那个野猪小姐，却把那个路人甲真的变成了路人甲。

回不去了呢……不知道怎么，我鼻子里竟然有种莫名的酸楚，这种感觉是淡淡的，却也是持久的。就好像我好不容易捡了个宝贝，却又一不小心把它弄丢了一样。我想，我一定要做点儿什么来补偿给我的路人甲……

后来……

对不起，我们的故事里，没有后来。

初 告 白

格 安

1

陆安喜欢顾昊里这件事,她连最好的朋友也没有告诉。

顾昊里就坐在最后一排靠门的位置,而陆安坐在第五排。

她总是转过身请教后面的优秀生梁烨数学问题,然后装作无意识地把目光向右瞥,角度刚好。

美好的阳光给顾昊里原本就好看的轮廓镀上一层金黄,显得干净和温暖,而陆安则会稍微脸红。

这时候梁烨会用他的大手在陆安的额头敲敲,"怎么又走神儿,你到底听没听懂?"

陆安收回无止境的联想,用她自认为凶神恶煞的眼神看着梁烨,"敲敲敲,好好的脑袋都让你敲傻了。"

"难道你觉得你本来的脑袋是好的?我觉得被我这一敲可能会开窍也说不定。"梁烨调笑道。

"哼。"陆安自知辩不过他,收拾好书本转回自己的座位。

顾昊里没有看到陆安看他时迷恋的眼神,陆安也没有看到梁烨看到她在看顾昊里时些许落寞的眼神。

2

顾昊里喜欢班花苏米拉，这是陆安自己猜出来的。

她在QQ里新建一个分组把顾昊里放在里面，她觉得这样能让她一上线就看到他。

看到他写的没头没尾的签名时，陆安就会暗暗猜测那是什么意思，在写谁。

她觉得可以这样默默地关注他，有时候聊两句，有时候留留言，这样就满足了。

后来她发现了，在苏米拉更新说说后隔不到十分钟就能看到顾昊里的更新，陆安有些不安。

再后来，她又发现了，顾昊里的说说总是和苏米拉的有暗暗的对应，苏米拉在线的时候就能看到顾昊里也在线，然后又相继离线。

其实苏米拉是个很不错的女生，她不会趾高气扬看不起人，她会对陆安笑笑，有时候也会说几句话，会在留言板说句温暖的晚安。

如果，把她和顾昊里放在一起的话，其实也是蛮般配的。

陆安是这样想的。

3

陆安其实不是那种平凡到在人堆里就找不到的人。

齐肩的梨花头，有些婴儿肥，明亮有神的眼睛，一米六的身高不算矮。

相比苏米拉的娇艳美丽，陆安就是清新可爱。

明明是差不多的身高，每次站在苏米拉旁边就会觉得矮人一截，连陆安也觉得自己实在窝囊。

她记得有一次她问梁烨，"你觉得苏米拉和顾昊里配不配？"

梁烨头也没抬就开口："他们配不配关我屁事？"

"那你觉得苏米拉漂不漂亮？"

"她漂不漂亮关我屁事。"

"哦。"陆安转回位子。

"我觉得你比较漂亮……"

陆安又转过身，"嗯？你刚才说什么？"

"没啦。"

"喊！"

如果陆安再转一次身，她就会看到梁烨的耳根子都红了。

是谁说，喜欢一个人就是卑微到土里再开出花来。

4

陆安总是会故意绕到后面再走到前门去洗手间洗手。

她有时候会看到他看着窗外发呆，看到她时会相视一笑，有时候靠着墙听歌，有时候是趴在桌上睡觉。

她从来没有看到他和苏米拉说过话，她以为那是自己的幻觉。

后来有一次，她目光瞥到门口的时候，刚好看到苏米拉站在那里，顾昊里靠着墙站在她旁边，两人说说笑笑。

还是这个角度，还是一样温暖的阳光，只是陆安觉得眼睛和心脏都有一瞬间的抽痛。

然后转回身，若无其事翻着书，试图掩盖这恼人的情绪。

午休后回教室，还没踏进去的时候，陆安就看到顾昊里把一杯奶茶小心翼翼地放在苏米拉的桌上，脸上还有淡淡的笑容。

进去的时候顾昊里刚好转过身来，他毫不吝啬他的笑容，"嗨！小陆安。"

他的眼角弯成很好看的弧度，满满的幸福。

陆安有些慌乱有些悲伤，淡淡地笑了笑说："嘿！"

5

终于，有一天。

陆安鼓起勇气对在线的顾昊里发去了一句："在吗？"

很快就回复了："在呢，小陆安。"

"我想跟你说个事。"

"什么事，说吧。"

陆安握着手机的手渗出了汗，她飞速地打出了几个字，生怕下一秒又退缩了。

"顾昊里，我喜欢你。"按出发送。

顾昊里的头像突然暗了。

五分钟过去了，陆安释然了，顾昊里的头像又亮起来了。

陆安打出："哈哈，我开玩笑呢。"还没发送。

嘀嘀嘀。

"嘿，手机没电自动关机了，刚刚发什么呢？"陆安突然松了一口气。

快速打出："不是什么大事咯，就是想问你一下大学要去哪儿读呢？"

"可能不读了吧，就我这成绩。去外面闯闯吧！"

……

陆安其实没有任何遗憾。在信息发出的时候，她突然就后悔了。

她发现，她似乎没有自己想象中那么喜欢他。

她把顾昊里所在的那个唯一的分组删除了，然后顾昊里就自动被移到"我的好友"里面。

就这样湮没在人海里。

每个星期五的下午只有两节课，所以放学后总有些社团活动和篮球班赛。

今天有班里的比赛，陆安收拾好书包就跑去篮球场了。

此时距离误告白时间已经过去两个星期了。

她今天其实是去给梁烨加油的，虽然她知道顾昊里也在里面。

不喜欢热闹的陆安发现，原来自己一直都不了解这个校园，这个放学后的校园。

此刻的篮球场已经人山人海了，陆安费了好大劲儿才挤进人群，比赛已经开始了。

刚找到地方坐下就听到班里女生的欢呼尖叫声，陆安意外地发现大部分都是为梁烨加油的。

陆安还在想梁烨这小子是怎么把全班女生都贿赂来给他加油的，眼光立刻被场上的梁烨吸引了。

脱去校服摘掉眼镜的梁烨竟然是和平时不同的样子，皮肤是和顾昊里的白净不同的小麦色，笑容在阳光下熠熠发光，两颊还有深深的酒窝。

她看得有些出神。

很快的，比分就和对方拉开很大的距离，结果已经很明显了。

结束的时候陆安也跟着欢呼和鼓掌。

"嘿，你说顾昊里和梁烨谁比较帅啊？"陆安拉着旁边的女生问。

女生用像看外星人的眼神看着陆安，"当然是梁烨啦，那还用说！"

比赛结束了，陆安看到苏米拉跑到顾昊里身边，给他递毛巾和矿泉水。

他依然是笑容洋溢，眼里满是幸福。

陆安给自己一个微笑，云淡风轻。

看向梁烨的时候，是班里一大群女生围着他，给他拿水和毛巾，而他正春风满面地应付这大票女生，望向陆安这里还朝她挤眉弄眼。

陆安朝他竖起大拇指。

他朝陆安晃了晃一个胜利的手势，笑得露出两排白花花的牙齿。

陆安抬头，天空正蓝，花开正好。

小小少年，至此永别

鬼　宝

我买了把奥森原木色的木吉他，没事的时候拨弄两三下。我的手指很长，但是关节僵硬，左手按弦的时候难免会有些力不从心。

于是我在QQ上对你狂轰滥炸："我的左手都快僵硬到抽筋了，阿燃老师解救我一下行吧？"

你只是给我发过来一个吉他基础教学的视频，让我按视频里教的那样去练一个星期的爬格子。我看着视频里的男生手指灵活地在品格里上下游走，默默地接下了这艰巨的任务。

我勉强地把爬格子练好以后，就给你打了电话，我举着手机眉飞色舞地对你说我练得如何如何。你沉默了许久才说话："你是哪位？"

我一下子愣在了那里，气氛尴尬到了极点。

我轻咳了一声，小心翼翼地告诉你："我是云望，你让我练的爬格子我已经练得差不多了，我告诉你一声。"

你在电话那头轻轻地笑了笑，声音是一如既往的溺死人的温柔："是云望啊，你好你好。恭喜你，下一步我教你弹歌。"

我客气地道谢，挂了电话之后我有些怅然若失，我怎么会与你如此生疏了？我们这是怎么了？

我学吉他，只不过是想更靠近你一点点，想更多地创造些我和你的共同语言。我奢望着有一天能够站在你身边，抱着吉他边弹边唱，那是只属于我们两个的世界。

很多人都知道，我是一个懦弱的暗恋者，唯独你不知。

又是一年的夏天，美丽温柔的七月。

我摇着蒲扇在沙发里打着瞌睡，百无聊赖之际突然好想你，你会在哪里做着什么事？心里想着谁？你有没有像我想着你一样恰好也在想着我？

一闭上眼，就会自然而然地想到你，想起了初见你时的那个夏天，想起了你简单干净的笑脸。

你从滨州坐车来到了淄博，我手里攥着防狼喷雾去车站接你，万一看你不像个好人这一罐子喷雾肯定能把你撂倒。

因为都看过彼此的照片，所以你一下车我就认出了你，风尘仆仆的样子，眼角眉梢带着小小的疲惫。

我喊着你的名字忐忑不安地向你跑去，你朝我挥了挥手给了我一个羞涩的笑容，我惊讶于你的好看，竟比照片上还帅气了三分，眸如繁星。

出于礼貌我想帮你提包，你笑着说"不用不用"，你怕我会尴尬，拍着胸膛对我说："燃哥纯爷们儿，这种事怎么能让女孩子干呢？"我"扑哧"一声笑了出来，彼此初见面的陌生感和猜疑悄然散去，我们像多年的老友一样，畅谈着去了麦当劳。

说来我们会见面的理由也很简单，我们在新浪博客上认识，彼此都喜欢韩寒、古镇、诗词、南方。我们说话做事特别默契，聊得也很投机，没有几日就成了知根知底的好朋友。你说要来淄博找我，我欣然同意。于是两个半大的孩子一拍即合，相约长途车站见。

幸亏有生之年，我没有错过你。

我带着你游览淄博，我们与地摊的卖家讨价还价，流连于各色的路边小吃，吃饱了我就拉着你蹲在大街上看美女，我们俩摸着肚子笑得心满意足。

那时候青春正好，我们无知无畏。那一年，我十五岁，你十六岁。

"虽然只待了两天，但有你陪着我真的很开心。"临走的时候你告诉我，从车窗里朝我挥了挥手，"谢谢你，云望。"

说实话我挺舍不得你的，但只能眼巴巴地望着你。汽车发动的瞬间，我冲你一挤眉，"客官，下次再来啊！"

这句话太让人浮想联翩了，瞬间我的脑海里就闪出了"青楼"等词汇。显然你也想到了，俊朗的脸一红，颇无奈地摇摇头，索性不再理我。我则不以为意，笑着看汽车驶远。

我相信有那么一天，我们会再相见。

后来我问自己是什么时候喜欢上的你，大概是你拍着胸膛对我说"燃哥纯爷们儿"的时候吧？那样的你可爱却懂得体贴。

后来我知道你会弹吉他，就缠着你让你弹给我听，你不依我，说刚学弹得不好，但可以唱给我听，我就心不甘情不愿地说："那你唱吧。"

当时你最喜欢的网游是《仙剑奇侠传》，你唱了那首《偏爱》。你可能有一点儿小紧张，高音的时候唱不上去，声音一直在颤抖，但是你的声音足够好听，这是如何都掩盖不了的。

但我还是毫不留情地嘲笑你："你不必把'青藏高原'唱成'四川盆地'吧。"

你对我这句话耿耿于怀了好久，真是小心眼儿。

我们一起慢慢长大，不寂寞，不孤单。

我从来没有向你透露过半分我喜欢你的讯息，因为我怕你会为难，会拒绝。

彼时我知道你已经有了喜欢的女生，你会向我倾诉你的诸多烦恼。你笨拙的亲吻把她惹得不高兴，你会问我该怎么哄她开心。

我不仅没有伤心落寞，反而一反常态地和你热烈讨论。阿燃，那时候你的快乐亦是我的快乐，你的悲伤亦是我的悲伤。哪怕我自己没有经历过，我也想帮你分担些什么。

我啊，真是个傻子。

2011年你上高三，3月份的时候你去重庆艺考，你住的地方名字很霸气——重庆市万州区诗仙路。我羡慕你到了南方，同时为了你的艺考我也在默默祈祷。

你这人做事有时候特别乖张，邮票贴在信封的背面，还是斜着贴的。害得我刚收到信的时候还在惊叹："如今写信不用邮票了吗？"

我给你回信的时候特意在信纸上喷了香水，其实我是想告诉你我也是个文艺小青年。你回信抱怨我："你把信纸怎么了？我室友都说这是情书。"

哎呀，云望，收起你的风花雪月，不能让他看出端倪。我提醒着自己，以后给你回信的时候信纸全变成了演草纸。

有一次特别凑巧，我写完信后署上的日期恰好是你的生日——3月24日。你很高兴，说这是我送给你的一份特殊的生日礼物。

虽然我至今都没有对你说过"生日快乐"。

你把你写给初恋的诗让我看，题目是《明天花开了》。我特羡慕你的初恋，你到现在都还惦记着她。

前几天，我把其中的"你记起了吗？明天花开了"改成了个性签名，不知道你有没有看到，假使你看到了又会是什么感想。

你许诺我，如果2013年地球还在，一切安好，你一定同我进藏。

这对我来说是个特别美丽的诺言，容不得半点儿虚情假意。阿燃，你会言出必行吗？

你还不正经地告诉我，一定要去看西藏的姑娘。我就弱弱地恐吓你，西藏的汉子会拔刀追你到珠峰的。

你让我去滨州玩。如果哪天我心血来潮想去一个地方，我一定会去找你，你要来接我。我要去看看你那小破地方，还有你封藏的超烂的稿子。

我是个爱笑的姑娘，每天脑子里都会有些奇思妙想，我们都是"撞南墙专业户"，有一样的小倔强，一样的小梦想。

你说爱笑的姑娘运气不会太坏，我多想把我的好运气也传递给你。我不会无理取闹，不会自私自利。可是多可惜，你又不喜欢我。

她们都说我的声音清澈干净，我努力地学吉他，将来一定要唱给你听，哪怕你对我是嘲笑抑或是赞美。

我不怪你不喜欢我，就像那句歌词唱的："做不成情人我仍感激。"

我没有纠缠过你，你也不曾厌烦我，这是最让我开心的事情。我知道你喜欢吃蛋挞，以后我会请你吃我亲手做的蛋挞，只要我们还熟络。

上了大学的你变了好多，你不再主动与我联系，甚至没有只言片语。没关系没关系，只要我能记得你。

我断断续续地知道你在学校里组建了一个乐队，在那里混得风生水起。而我却在学校里做着高三的习题，听着英语听力。

你再也不是我所认识的那个笑容清澈羞涩腼腆的小小少年了，你张开翅膀向着更高更远的地方飞啊飞啊，终于将我远远甩开。徒留我一个人守着我们的旧时光，期待着华枝春满，天心月圆。

阿燃，你可知道我喜欢过你？

北 国 无 雪

鬼

1

"寒风肆虐,残阳如血。当一切皆已逝去,还有什么不能了却?不争王爵,不再戏谑,愿做苍雪,只为埋葬那段残缺。"轻声读完写于第一场雪的诗,凌阳幽幽地叹了口气,"今年的冬天还是冬天吗?雪少得可怜。"

一旁的念雪点点头,说:"嗯,不知下一场雪什么时候到来呢?"说完顺手敲了凌阳的头,之后扬长而去,轻车熟路。"好你个小丫头,又是偷袭,找打!"凌阳转身就追。念雪暗笑,她知道他舍不得打自己的,但也不停下,与凌阳在班里绕起圈子。

一圈又一圈,在凌阳的不甘与念雪的得意中,上课铃响。各自归座,准备上课。多少次了,还是一样的结局。

2

凌阳瞄了一眼进班的老师,之后摇摇头,挺身坐正,右手握笔,紧盯老师，不时点头或记下什么，有时又随声附和，俨然一个认真听课的好孩子。

念雪看了他一眼，"怎么又在语文课构思写诗？"她小声嘀咕。在她心中，凌阳是N重性格，自恋轻狂又伤感安静，嬉笑玩闹又诚恳认真，俗不可耐又才华横溢。尤其是他天马行空的思维，还有他不按套路出牌的风格。念雪总会有些邪恶地想，他那个变态，莫不是精神分裂吧？

这时，语文老师的提问降临在凌阳身上。凌阳从容地站起来，不慌不忙地看了看近乎空白的卷子，之后迅速浏览了一眼前几句诗词，开始胡说："清冷西风与清脆虫鸣伴着落日的余晖环绕在词人身边。此时此景，词人有些惬意。"刚说完毕，全班爆笑，凌阳疑惑地看了看下面的注释——"本文是纳兰性德思念亡妻之作……"

3

下课，无视哥们儿的讽刺，凌阳趴在桌子上，准备用睡觉来逃避难堪。

可念雪却上前敲了敲他的桌子，"别在那儿'惬意'了，我饿了，有没有吃的上交给我？"凌阳依旧趴在桌子上，甚至发出了鼾声。念雪一听这装腔作势的声音，优雅地伸出了手，牢牢地掐住凌阳胳膊上的肉，顺时针慢慢旋转，同时温柔地说："请问，有吃的吗？"凌阳在疼痛中站起，轻拍一下桌子，"我堂堂中华男儿，岂会屈服？"感觉疼痛在加大，又飞速说了一句，"书包里……我在睡觉，什么也看不到。"之后又趴在了桌子上。

念雪二话不说拽起凌阳的书包，拍了拍凌阳，"书包丢了，醒来时好好找找。"转身离开。

4

经她这么一闹，凌阳轻松了许多。细心的念雪当然知道他心情不好，就过来闹一闹，让他开心。凌阳也不挑明，配合她闹一会儿，心情果然好了许多，这就是所谓的默契吧。

认识念雪四年多了，又连续两年同班，凌阳当然了解她的心思。她一直是一个成绩优异、可爱乖巧、善解人意的姑娘。而现面临高考，压力骤然大了许多，与自己这个朋友闹一闹，她也能放松一下心情。

只是同学们仿佛早已将他们当成情侣——一个男生毫无怨言地被一个女生掐已经说明很多问题。但念雪相信，自己与他不是恋人只是知己、同路人，是被现实摧残得体无完肤后戴上面具微笑的人。

这份相知远比友情更亲近，比亲情更难舍，比爱情更安全。如此奇妙的情感，他们很享受。

5

念雪打开有些沉重的书包，搜索着自己喜爱的小食品。只见书包的最里面，一个好看的本子安静地躺在那儿。

念雪小心翼翼地拿出来，不由自主地打开它。扉页上孤单的字迹透露出些许伤感："坐落在同一座城市下的寂寞，能与谁诉说？"她心中不由得一痛，提笔写下："还有我——念雪。"

继续翻看，是一首首诗词，伤感脆弱的句子不停渗入念雪的心，久久萦绕，挥之不去……

第二天，念雪微笑着把诗本还给凌阳，凌阳一如既往地与她开着玩笑，顺手接过，笑意盈盈，云淡风轻。

6

凌阳慢慢翻看着诗本，最终目光停留在最后一页，是念雪娟秀的字铺了满满一页。

"光阴，它不是箭，而是一个光天化日下作案的小偷。它偷走了所有人的昨天，还在偷今天，也终将拿走我们的明天。我只能泛起一阵无力感，因为无法把握时间的流逝，无法原谅自己昔日的无知。

其实，你会在星空下沉默，我也会在黑夜里哭泣。因为我们依旧脆弱，依旧没长大。感谢这脆弱把我们连在了一起。好吧，让我们彼此依赖，用欢乐填满高三后半年，坦然面对高考，考后一起放歌，无论结果如何，都不后悔，好吗？

今年的冬天不知怎么了，老天很是吝啬它的雪。也许高三的最后一个冬天，注定会有些遗憾的吧……"

7

凌阳的脸上浮现出明媚的笑容，他走到念雪身旁，俯身在她耳边轻声说道："无论怎样，有你念雪，这个冬天一定精彩。"

念雪笑了。

等你在没有你的天堂

何子未

1

见到桃子是在 2008 年 5 月 28 日，离地震已经半个多月了。当时我正在教室最后一排靠近垃圾桶的地方睡觉。同桌把我摇醒，让我看新来的灾区插班生。

午后的高温让我有些晕头晕脑的，从桌上抬起头来，才发现桌面已经湿了一大片。就是在这样一个燥热并且让人睡意绵绵的夏天，我遇见了桃子。

桃子在讲台上，离我很远，我看不清她，我没有眼镜。眼镜在地震的时候从桌子上摔下来，可能在混乱中又被谁踩了两脚——我在停课两周的复课后才发现它坏了，还没来得及去配新的。隔着层层叠叠的人头，我看见的桃子似乎是贴在黑板上的。她说她叫程吉桃，大家可以叫她桃子。

桃子自我介绍完了以后，大家很用力地鼓掌。我没有鼓掌，我在5月的阳光下想：从灾区来的桃子和别人一点儿都不像，她身上没有死亡的阴影，一点儿也没有，甚至有阳光的味道，5月的阳光的味道。

我没有力气关心桃子——5月的阳光总是把我晒得很累——即便他

们说她以前是聚源中学的。在我看来，她和学校里其他二百多个灾区插班生无异，如果非要说有异，那便是桃子一点儿都不悲伤。这让我很困惑——我对她唯一的好奇便是：她每天都笑得那么灿烂，难道她身边没有人在这场灾难中去世吗？她真的就一点儿都不在意身边的人？

可我没有机会去接近她，向她提出我的困惑，因为她被老师安排坐在第一排，而我坐在靠近垃圾桶和阳台的最后一排，中间隔着由很多脑袋组成的银河，遥不可及，只能远远相望。

5月的末尾，老师依旧没有发现我突然不戴眼镜了，除了同桌也没有人发现我不再听课了。我每天干的唯一一件事就是透过脏兮兮的玻璃窗看外面的阳光肆无忌惮地倾泻而下，酣畅淋漓。成都多么难得的日光倾城的夏天。

2

6月，大地的伤口带给世人的悲伤已经消亡了大半，而我也跟着全班的座位轮换挪到了前排，就在桃子的后面。于是我每天的工作变成了盯着桃子的后脑袋发呆。桃子的头发很黑很长很顺，像一个陈芝麻烂谷子似的比喻：黑色瀑布。可是我依旧困惑：桃子，你不热吗？

我忘了自己和桃子说的第一句话是什么了，只记得我们因为距离的突然拉近，开始交流了。我说我的眼镜在地震中英勇就义了，桃子说她家在地震中英勇就义了。我说我从摇晃得非常厉害的五楼跑下去差点儿摔倒了，桃子说她从摇晃得更加厉害的楼里逃了出来。我说地震那天晚上我睡在操场，很冷，差点儿哭了，桃子说她看尸体看到眼睛麻木。我说二楼理科火箭班有个男生特别傻，教室都摇晃起来了，大家都跑了，他还一个人在那里做着数学题，于是大家开始叫他理科木头，桃子说，那些来不及跑出来的人都被预制板压在了下面……

说这些的时候，我和桃子正走在离映秀直线距离还不到一百公里的一所私立中学的浓密的树荫下。阳光透过夏天茂密的泡桐稀稀落落地砸下来，在地上画出一个又一个大大小小的圆圈，亮亮的，不停地跳跃闪烁。

桃子突然说："你看，其实人就像这些点点一样，存在很偶然，突然消失也很偶然……一转眼你就不知道它们去哪儿了。"说完桃子就神经兮兮地冲我大声笑起来。那笑声似乎把头顶茂密的叶子都震动了，不然它们为什么一直不停颤抖？不知道为什么，我的心也跟着这些叶子猛地跳了一下。

在成都6月有风的夜里，桃子继续和我说着她以前班级里的趣事，同学如何跟老师开玩笑啦，大家一起过中秋节啦，他们班里的元旦晚会啦……我听得一愣一愣的，一直想问的那句话终究还是没有问出口。我想问，你提到的那些人还有多少幸存在人世？他们现在又分散在世界的哪个角落？

往后的日子依旧平静得像波澜不惊的摇篮曲一样，该上班的人继续上班了，该高考的人去高考了，生活还要继续。当然，除了很多不该走的人走了。那些走了的人留下了一地的悲伤，而人们把碎了一地的悲伤一颗一颗捡起，压在心底，不看不见不想不念。不然，为什么桃子在说到往昔的时候会不悲伤呢？

3

我一直以为桃子会在这里把书念完，直到我们一起毕业。所以在桃子告诉我她可能马上就要回都江堰的时候，我心都漏跳了一拍。可是桃子还是要走了，都江堰的板房教室已经为他们修好了，他们可以回到家乡安心学习了。

"你会记得我吧？"我有些诧异桃子在说这话的时候竟然带着些许忧伤，而我也不确定这是不是我的错觉。

"会啊，为什么不呢？"说实话，我有些讨厌这样小女生的依依惜别，总让我觉得鸡皮疙瘩掉了一地。我喜欢的离别是那种豪放的，说走就走的，甚至是不需要告别的。毕竟无论我们相距多远，我们也还是足够幸运地驻足在同一颗星球上的，不是吗？

"那就好。我会给你写信的。"说完，桃子还认真地拍了下我的脑袋，好像这样我就会表现乖一点儿就会给她回信一样。

桃子走的前一天晚上，我们简单而粗糙地为她举行了一个小小的告别会。有个男生上去给她唱了一首歌。很老的歌，谢霆锋的《我们这里还有鱼》，老到几乎没有人听过。可是我听过，我在十年前就听过，我还在下面轻轻跟着他唱：

> 我知道这些日子你要承担多少哀伤，才可以面对破碎的梦想。我相信那么多的关心总会带来希望，别忘了我们这里还有鱼。在这里没有风浪不会摇晃不再心慌，当黑夜过去总会有阳光，我陪你找个池塘盖间平房忘掉哀伤，给自己一个有鱼的地方……

第二天桃子就走了，走之前把我叫到教室外面，递给我一个纸条，说上面是她的联系方式，要是想她了可以打这个电话。看着桃子认真的样子我突然就忍不住笑了，说："要是我一辈子都忘记了想你也想不起你，你岂不是要寂寞寒窗空守室了？"

4

2008 年的我们都还没有手机，只能依靠一个座机或者写信这么老土的办法联系。可是直到高考结束，我一次都没拨过那个电话号码。

桃子说过她想去杭州，去看看白娘子是不是还在那里等她断了仕途的官人，去看看许仙是不是还在等她已经老了容颜的娘子。我跟桃子说："你不能这么浪漫呀，要是断桥上只有一个武大郎怎么办？"

后来我一直在想，是不是因为桃子的这句很文艺的话，才让我冲动地想考去杭州的浙大。而且我的这个冲动还很不幸地让全年级的人都知晓了。于是，当大家拿到录取通知书相互祝贺的时候，到了我面前却是异常尴尬，语言和动作都有些模糊不清，似乎是找不到合适的词来安慰我。

因为不是浙大是 C 大，所以我不能去断桥等白娘子和许仙的遇见了。看着录取通知书快递上的地址，我才突然想起桃子：桃子的录取通知书会是由哪所大学发出的呢？

可这样的想法瞬间就被同学们的吵闹声祝贺声给湮没过去了。大家都考得不错，有去清华的，有去北大的，那个给桃子唱《我们这里还有鱼》的男生去了中央财经，而那个被大家取笑的理科木头去了复旦。

那天一起回学校拿通知书的人在一起吃饭，肆无忌惮地说着以前讳莫如深的话题，谁谁谁和谁谁谁最后在一起了，谁谁谁和谁谁谁考到同一所大学了……而曾经跟我们反复强调早恋是绝对不能触碰的六条高压线之首的老师们，也只是跟着我们笑，好像拿到了大学通知书后我们就被立马宣判成人了一样，早恋的"早"字立刻就蜕变成了"正常"。

我在大家的吵闹声中，一边想着桃子，一边有一口没一口地喝着豆奶。有人拍了下我的肩："C大也不错嘛，用得着这么失魂落魄？"

是理科木头。

我笑了："哪有，只是在想桃子而已。"

"桃子？哦，就是你们班那个灾区来的女生吧。我知道她。"理科木头歪着脑袋想了半天后给了我这么一个"弓如霹雳弦惊"的答案。

5

"你有喜欢的人吧？"桃子说这话的时候，她大大的眼睛毫不掩饰地盯着我，我能在她清澈的眼睛里看见自己放小了数十倍的身影，那个小小的我在她的眼睛里闪着光。

那时，我们坐在顶楼的台阶上，两双腿在栏杆外悠然地晃来晃去。我想了一下，很认真很严肃地看着桃子的眼睛说："没有啊，怎么了？"

桃子笑了，笑得花枝乱颤，如果没有栏杆可能她就已经掉到下一层楼去了。我更加困惑了，她没有理由知道我喜欢那个地震时还在教室里做物理题的呆木头啊。这绝对是个秘密，绝对。有些秘密是注定要在很多年以后跟着我们埋进坟墓的，而我确信这就是其中的一个。

"没啊，就是顺便问问，没有就算了嘛。"桃子不再看我，回过头去看那个因隔着楼梯间的蓝色玻璃而愈发苍白的太阳。

我还是觉得桃子突然问这话是有理由的。于是接着问她："那你呢？你有没有喜欢的人？"

"有啊，怎么会没有。"桃子顿了顿，然后一本正经地说，"精神正常的人都会把有好感的对象作为自己的精神支柱，难道不是吗？"桃子的回答掷地有声，让我目瞪口呆。我从来没思考过"精神支柱"还可以是对其抱有好感的人，而且还是有好感的异性。

就在我正好奇那个男生是谁的时候，桃子的眼神瞬间黯淡了下来："……他已经不在了。"

我突然觉得心被什么东西慢慢地划了一条又一条不深不浅的口子，渐渐深入慢慢鲜活起来的痛让我有那么一瞬间呼吸不过来。"他……"我明明知道答案的，于是声音渐小，最后彻底被我吞了回去。

"是，和那些人一样，死在了地震里。我都还没来得及见他最后一面——所以，要是你现在有喜欢的人，虽然、即便、纵然你不能够说出来不能表现出来，你也一定要在心里偷偷地狠狠地喜欢他，在心里守着他，把他彻底记住——人很脆弱，说不定哪天他就从你身边永远消失了也说不一定。"

桃子在一口气说这么多话的时候，依旧没有一点儿悲伤，反而还冲我眨了眨眼睛，挤出一个鬼脸："他想去浙大。我必须得勇敢地活下去，替他把他不能走完的路继续走完。总有一天我会去断桥看看，看看他是不是已经如约到了天堂——不管是人间的，还是天上的。"

桃子在离开之前，除了找了我，还找了理科木头。用理科木头的话来说，当时他的反应就是"一脸茫然""莫名其妙""不知所云"……

其实不用他那理科的笨拙词汇，我也能想象得出当年桃子站在理科木头的面前，是如何的木然发呆、口齿不清。因为我的理科木头和桃子的精神支柱长得是那么像。这是我后来收到桃子寄来的照片以后才发现的——也可能是我的错觉，他们或许一点儿都不像，毕竟桃子从来没有和我提起过这事。

那年，桃子站在走廊的阴影里对理科木头说："你可以去浙大嘛，去看断桥残雪，去看苏堤春晓，多美啊？"

那年，理科木头很茫然地回答桃子："去上海嘛，东方明珠或者外滩也很漂亮啊……"

故事的最后，我们四散停留在九百六十万平方公里的各个角落里，却唯独没有杭州。我们谁都没有去那个被称作天堂的地方，去遇见期待中的白娘子或者许仙。

2011 年的最后一个月，我收到一张盖着杭州邮戳的明信片："我在断桥，下雪了。像童话一样，很美，但终究不是我想要的天堂。"

请别忘了那些荒原之花

刘书琪

2011年6月，我与福建师范大学的学生一起参与了"爱在西部"的支教活动。这是我第一次远离家门。坐上开往甘肃省漳县的火车，一路走来，沿途的风景从高楼林立、山高树多，逐渐过渡到连绵起伏、沟壑纵横的黄土高原。

我们要支教的漳县殪虎桥乡的地貌就像歌曲《黄土高坡》唱的那样，除了东倒西歪斜卧在土坡上的枯树和七零八落散落在沙土里的沙棘，几乎见不到什么生命的迹象。我心里既好奇又忧虑：没有树，没有水，他们怎么生活呀？

殪虎桥乡孩子们的家庭状况都差不多，贫困和艰苦对于他们来说早已习以为常。

由于贫穷，很多孩子不得不辍学在家。由于贫穷，村里十七八岁结婚的青年十分常见。他们每年都在为生计而烦恼，年复一年重复着父辈们的足迹。

走访中，我了解到有一名小学刚毕业的女生现辍学在家，她的姐姐去年十六岁出嫁，她只比她姐姐小两岁。父亲病重，她正用稚嫩的双肩承担着家庭的重任。说不定再过一两年，她的父亲也会逼她出嫁。看到她时，她正抱着姐姐的孩子，满脸的灿烂。她姐姐的孩子的袜子和鞋子都打满了补丁……看到这里，我心里有一种说不出的难受，泪水不禁模糊了双眼。据说这位女生的成绩十分优异，比起我们这些在良好的学习环境中成长、衣食无忧的东部孩子来说，她的出色令我们汗颜！同在一片蓝天下，他们纯洁透明而又充满了期待的眼神使我实实在在地体味到成长的不易和肩上的责任。

西部贫困地区孩子的生活是我们城里的孩子无法想象的，他们唯一的渴望就是能上学。为了想看看他们的学习环境，我跟随着大学生们来到当地最坚固、最美丽也是最干净的建筑——希望小学。

希望小学坐落在一座山的半山腰。山路崎岖，每走一步，我都心惊肉跳，常常需要攀扶沿路的大石块才可以前行，有时甚至需要同行的队员搀扶着才能勉强过去。然而当地的孩子们却欢呼雀跃，快乐地一路前行，没有任何怨言，看不到丝毫恐惧，他们每一天都要花费三四个小时走在这样的路上……

到了希望小学，当看到一张张通红通红的脸，一张张不是课桌的课桌，一双双课桌后面渴望未来的眼睛，我的心再一次纠结起来。

中午下课铃一响，孩子们马上三五成群地回到宿舍，开始准备午餐。他们几个人一组，有的负责拾柴生火，有的准备土豆和面团。我看到一个生火的女孩儿，先是垒起架锅的土块，随后用火柴擦燃枯草，然后趴在地上使劲地吹火，脸被烟熏得黑乎乎的。看着那些他们带来的土豆、霉干菜还有发黑的面团，看着他们穿的打着大小不一补丁的衣服，看着他们一双双充满渴求的眼睛……我的眼睛再一次湿润了。或许今天的他们还在校园里，但他们却时刻担心着明天去不了学校。他们不求吃好的，不求住好的，只求能继续待在校园与同龄人一样读书。

当我们的同学将整个面包毫不可惜地丢弃时，当我们的同学享受着宽敞的教室仍需早送晚接时，当我们的同学沉迷于刺激的电脑游戏而父母为之万分头疼时，我们是否想到在西部的同龄人，仅仅因为出生在贫瘠的土地，上学读书竟然就是他们最大的渴望？

黄土高原，缺雨少水。我亲眼看到这里的人们是怎样洗脸，他们都是先舀一瓢水在瓦盆里，瓦盆还必须倾靠着墙根才能把水舀起来抹到脸上，一家老小排着洗，洗着洗着水就没有了，最后的人只能用湿毛巾擦擦眼。如果瓦盆里还有水，就积攒三四天，用来洗衣服，洗完了等水沉淀下来，清的喂鸡喂猪，浊的就用来浇地里的蒜和葱。附近十里开外一个沟底有一眼泉，村民每天都排了几十米长的队伍来取水，接水的桶、盆、缸、壶密密麻麻地排了一地。在这里，真可谓"水贵如油"啊！

此外，吃菜对我而言是最大的挑战。一日三餐都是土豆、洋芋、烤馍馍，吃得我看见这几样"绿色无公害"美味都想吐。这里几乎看不到绿色的蔬菜，只有顽强的土豆、洋芋才能在这块贫瘠的土地上扎根生长吧！

短短的五天西部之行结束了。我思绪万千，感慨良多。有人说，中华民族是世界上最能吃苦的民族，也许是的，但一个只会忍受痛苦而无力改变环境的民族将是一个没有希望的民族。改变的第一步，就是教育！庆幸的是，总有一些好心人，一直默默关注着西部贫困学生的一举一动，伸出援手……

我要用自己的实际行动去影响身边的人，为更多的西部孩子插上梦想的翅膀，让他们的童年像美丽的花朵一样绽放！